弓道家・医師
守屋達一郎

誰も教えてくれなかった！

見取り稽古のコツ

——あらゆる武道の上達出発点

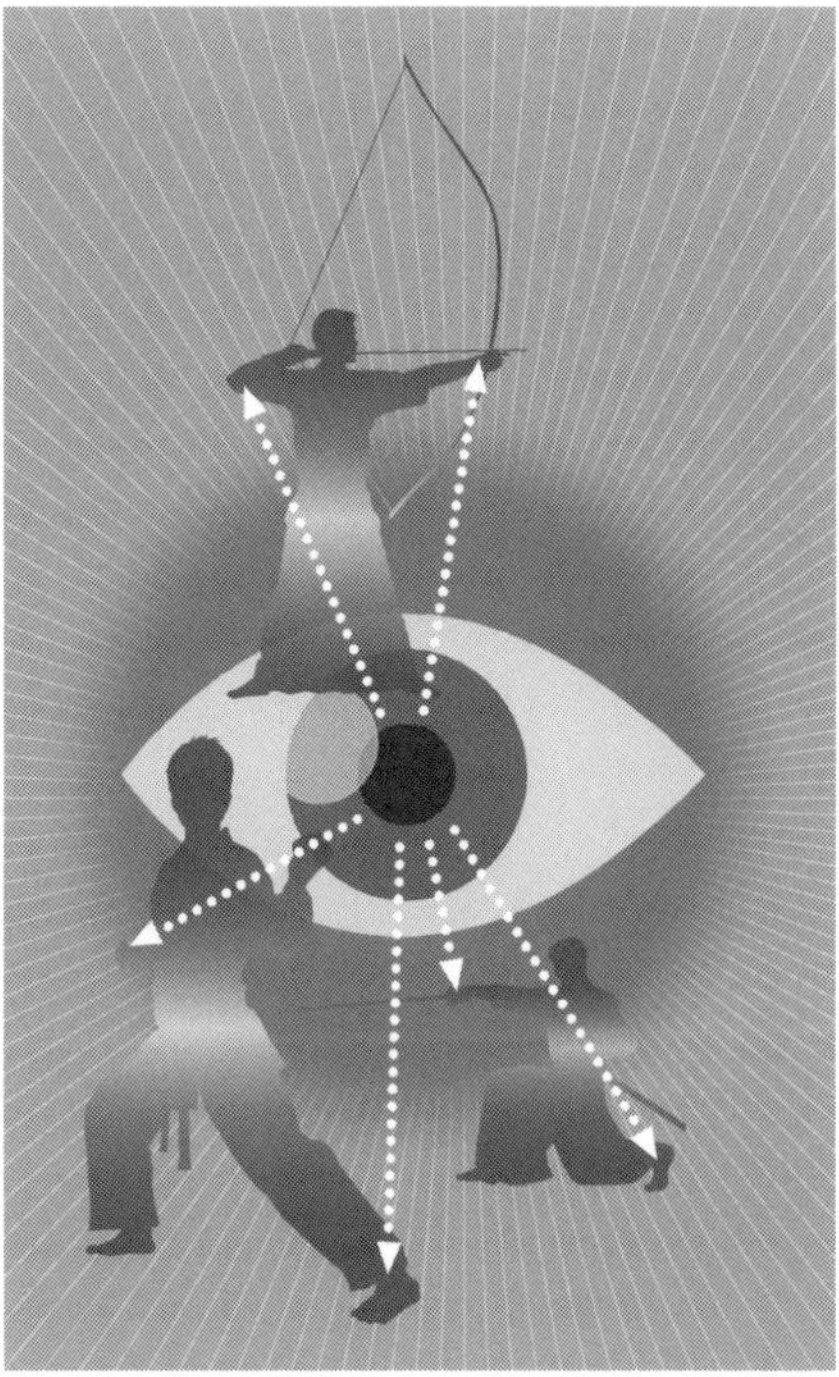

BAB JAPAN

はじめに
～ようこそ深遠なるミトリゲイコの世界へ！～

武道の世界に限らず、重要な稽古方法の一つに「ミトリゲイコ」がある。

そして「ミトリゲイコ」と聞いて、すぐに「見取り稽古」のことであるとは小学生でも分かるだろう。

それぐらい普遍的で重要な稽古なのであるが、その具体的な方法論についてはあまり提示されていない。むしろ各分野においては常識となっており、あえて言及されていないかのようでもある。

筆者も武術家の端くれとして、「何も言わずに師の背中を見て学べ」という態度や精神性に親和性を感じなくもないが、現代では不親切と評価されてしまう。それこそパワハラとも言われかねない。そのため、見取り稽古を現代版として再認識する必要性を痛感してきた。

そのような中で、そもそも「ミトリ」がなぜ「見取り」なのかと、筆者は常々疑問に思っていた。意味としては「見盗り」でもいいのではないか？それとも「見採り」「見摂り」「見捕り」「見獲り」の方がふさわしくはないだろうか？

このように、見取り稽古の「取り」にはいろいろな意味合いがある。少なくともここでの「取り」には、理解に限らず、取捨・切断・除去・実践・採用・生産・授受・摂取・所有・設置……などをすべての意を含むと考えてきた。

さらに「見る」を「観る」「視る」「看る」などに展開させたら……組み合わせはかなりの量になってしまうだろう。例えば動画からの学習なら「視摂り」だし、何がなんでも師から学び取ろうとするなら「観獲り」の方が近いのではないだろうか。すると、それこそ感覚としては「身獲り」という表現も現実的かもしれない……。

つまりは学道者によって「ミトリ」の目的が異なることも、その理解を難しくしている。それゆえに、見取り稽古を形而上の理想論や観念論に終始してはいけないのである。だから、見取りはあくまでも理にかなって実践すべき極めて具体的な実学ともいえよう。

そして理解を深め、汎用性を有するためには、前提として環境への注目や身体イメージの再認識などが必要となる。そのため、見取り稽古を深化させた「見取り学」への発展をも目指さねばならないと考え、筆を執った。

それでも見取り自体が漠然としやすいので、自身にとってどのようなミトリゲイコが必要なのかを探るための能力開発こそが喫緊の課題となる。そこで「要は何をすればいいのか？」という疑問に応え、技術の向上や人格の陶冶に直結する見取り稽古方法論を提示せんとしたのが本書の主張である。

特に筆者は弓術を主体に修練しているため、弓道・弓術を中心に記している部分もあるが、基本的に本書は全武道家・アスリートを対象にしている。その象徴として、道場内での観察はもちろんのこと、日々の生活の中に多くの観察ポイントがあることも強調したい。その抽出と実践・評価の一連を「ヒビカン」と称して紹介する。ヒビカンは学び始めの初級者だけでなく、見取られる側の上級者にとっても重要となる視点なので、是非とも参考にしてほしい。

ヒビカンや実践を通して、師匠や武道・部活仲間に限らず、様々な人や動物、物からも学べることがあるに気付くことで、必ず自身への観察深化にもつながる。そのため見取り稽古は、ただの稽古方法の一部ではなくむしろ中枢を占めるに至る。ゆえに見取り稽古を考えること自体が、本質的な稽古論の追求と同義なのである。この真理に自身のからだが気付けるがどうかが、武術家としての分水嶺になることに疑いはない。

浅学非才の身ながらも、本書では自身のからだを唯一無二の「教科書」として学べるようなコンテンツを挙げた。どのレベルの方でも知っておいてもらいたいこととして、参考になることが一つでもあれば幸甚の至りである。

そのような深遠なるミトリゲイコの世界を、まずは存分に味わっていただきたい。

令和6年12月

啓進会　守屋達一郎

はじめに……2

第1章 見取りとは？……11

1 不透明な見取り稽古……12
2 ミラーニューロンを体験する……14
3 学習としての見取り稽古……18
4 伝統的徒弟制から正統的周辺参加へ……23
5 内弟子という環境……26
6 動画学習の注意点……28
7 動画学習の有用性……32
8 アフォーダンスという導き……37
9 分節解釈の功罪……43

10 分節の統合という難題……52
11 正しく問うための「見取り学」……57
12 真善美と主体的な稽古……63

第2章 体を考える～統一体のススメ

……71
1 構造体という観点……72
2 からだを考える……83
3 皮膚から動く……86
4 統一体のススメ……90

第3章 見取りの方針 ～何をどう見るか？……95

1 構造体イメージ間に必要な思想転換……96
2 動きの質を洞察する……97
3 道場場面での見取り……103

〈具体的な見取り例〉
Ⅰ 道場の出入口にて……108
Ⅱ 居合術……112
Ⅲ 杖術……123
Ⅳ 手裏剣術……128
Ⅴ 突き・蹴り・投げ……132
Ⅵ 体操・エクササイズ・療術……140
Ⅶ 武術関連書籍から……144

4 弓道・弓術の観察……147

5　道具との関係性……173

第4章　ヒビカンのススメ～日常に見取る……177

1　日々、観察に値するものばかり……178
2　日常観察のポイント……183

引用および参考文献……211
おわりに……214
著者紹介……218

第1章

見取りとは?

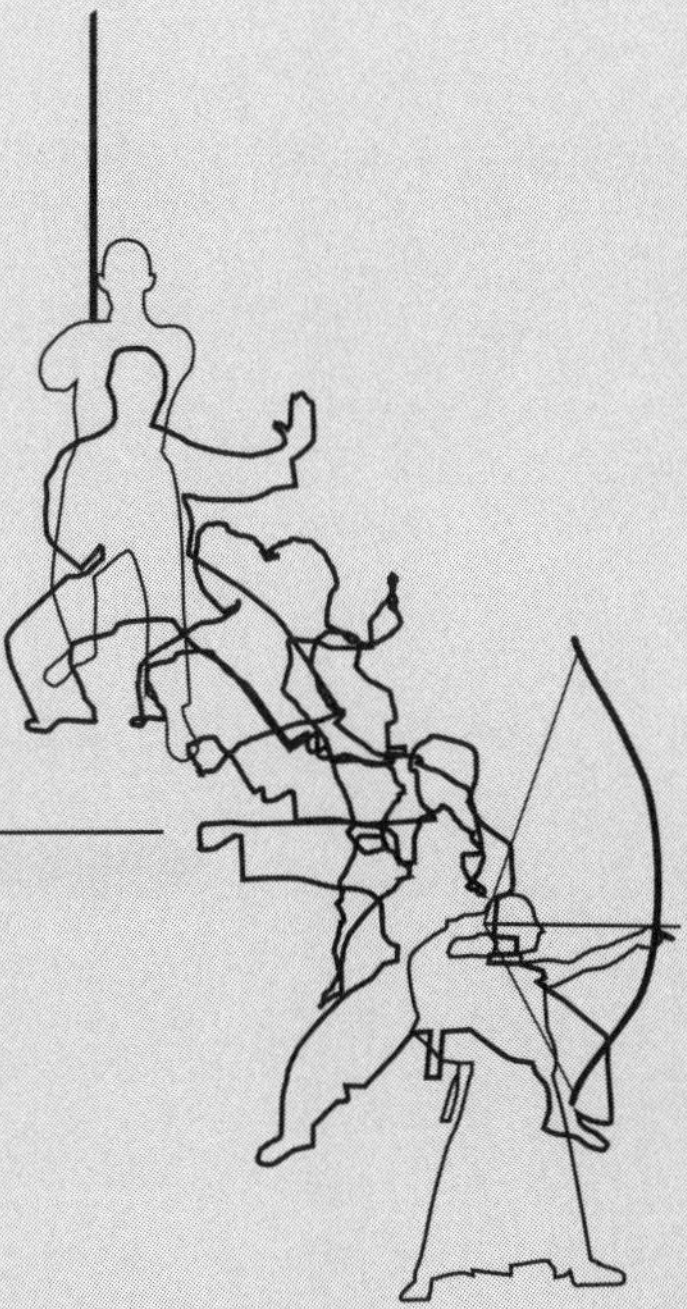

1　不透明な見取り稽古

武道の世界に限らず全スポーツや芸道など、人が関わるほぼ全ての分野で「見取り稽古」の重要性は当然のように指摘されている（先達を参考にしない一部のアート界を除く）。

指導の場面でも、「先輩や熟練者をよく見ろ」と言うし言われもする。また浅学者からでも学ぶことが多いから、それも見ろと言うし言われもする。これらのことは誰も疑わないし、筆者も大いに賛同する。

しかし、なぜ見なければならないのか、何を見ればよいのか、見てどうするのかということはあまり論じられていない。昔は当然のことであったかもしれないが、現代ではお節介なほどに明記せねばならない時代でもある。

ともすると、指導者が一方的に「見ろ見ろ」と言っても、ただの圧力になりかねないのである。往年であれば「自分で考え、自分で感じろ」というのが常識であったし、筆者もそれで学んできたわけだが、現在は事情が異なる。ある程度は理念を明確化し、方法論を提示しないと途端にパワハラと糾弾されかねない。

筆者が提起している「小乗弓道」というものは、「個人の徹底的な感覚練磨」に他ならない。そして、見取り稽古の練度向上とも目的は全く一致している。

本書では初級・中級・上級・超級にレベル分けするが、歴や段、称号は全くの無関係である。相当に武道センスがある者なら1年でも上級レベルになりえるるし、事実そのような者も筆者の周囲には複数存在した。

一方で歴が数十年以上であっても、初級から全く進歩しないことも十分にありうる。また他の武道歴やスポーツ歴・芸道歴があれば、初学の内から中級以上になることもあるだろう。

クラス分けのポイントとしては、「見取り対象者の感覚を想像し、自身の身体内外で感覚を再現出来るかどうか」にあると考える。この再現率によって初級（10％未満）、中級（30％程度）、上級（50％程度）、超級（100％以上）と4段階を想定する。

これらのパーセンテージはあくまで目安である。しかし自分がどのぐらいなのか、大抵は見当がつくものであり、全く分からない場合は初級であるとする。

特に、再現率50％で上級とは低いように感じる者もあるかもしれない。しかし実際感覚を再現しようと努力を続けた者なら、50％とは100％と同じくらい困難であると肯ずるであろう。あるレベル以上での修練歴と見識のある方なら、この数値に異論はないはずだ。もし50％が低いと感じるのであれば、想像が圧倒的に不足している。

むしろ上級になればなるほど「50％にも至らない」と痛感する方は、その取り組みが正しいという証左になる。自身を棚に上げるが、筆者も50％を超えると、感覚がさらに深化するので、約10％の理解に戻るような印象である。そのため、おそらくこの50％に何かしらの一線があると考えている。

一方で超級は「憑依」を超える。俄かには想像や言語化できないので、本書では詳述を控える。

2 ミラーニューロンを体験する

見取り稽古にて、時として不思議な感覚が生じることがないだろうか。実際、見ている対象が感じているのと同じ感覚が自身のからだに生じる現象がある。

筆者自身は幼少期からそれを体験していて、とても不思議に思っていた。特に道具を遣う大工作業や体操など、見ているだけで実践している感覚になっていた。そしてすぐにコピーできるぐらい鮮明な時もあり、「絶対触覚」などと自ら称していた。

その後「ミラーニューロン」を知り、はたと膝を叩いたのである。

ミラーニューロンは、１９９０年代初頭にサルの脳の運動前野（F5野）で偶然発見された視覚

ミラーニューロン

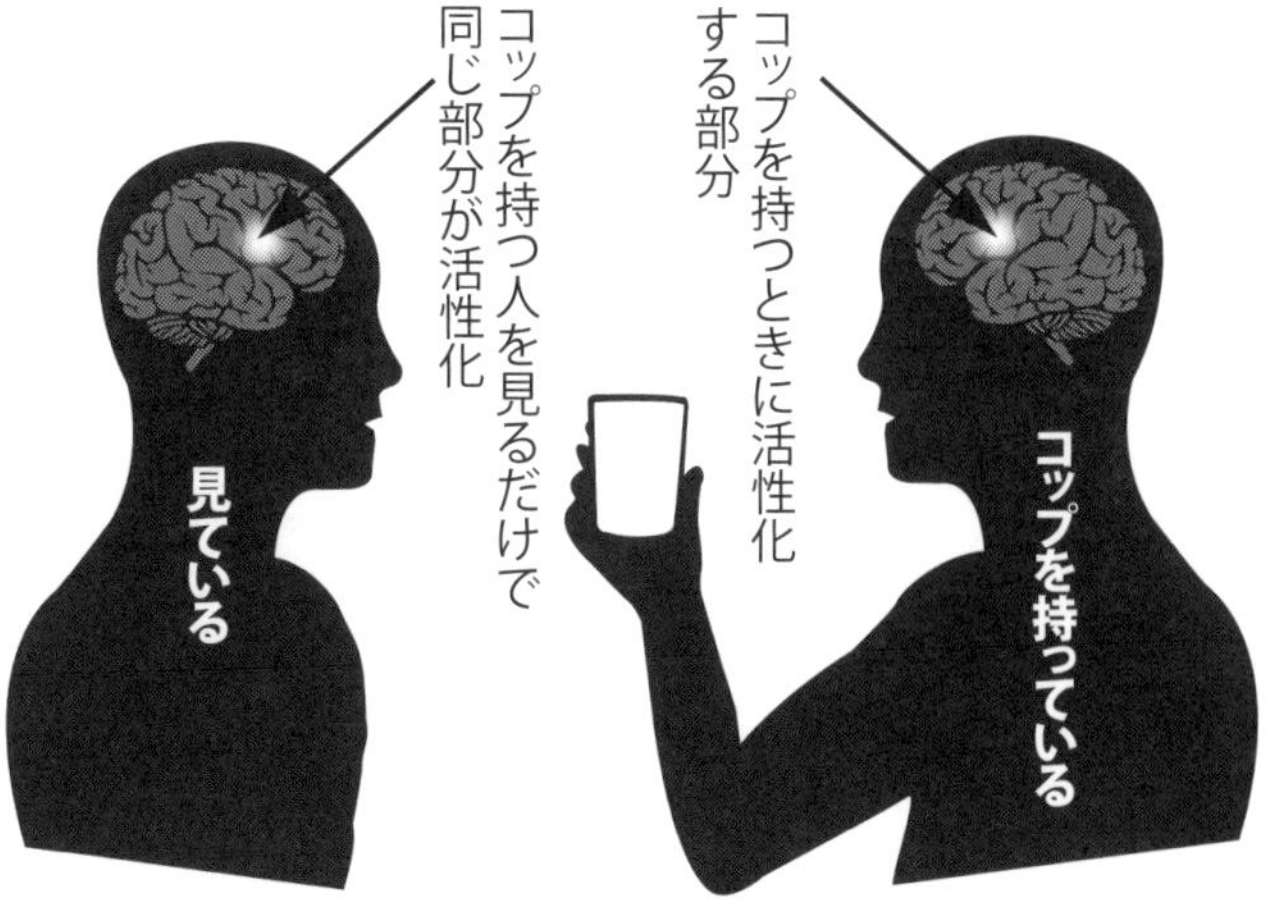

と運動に関するニューロン活動である。ミラーニューロンによって担われる系を、ミラーシステムともいう。その後、同ニューロンはヒトでも同定された。

このニューロンは、例えば人がコップを持つといった特定の行為をするときだけでなく、他の人が同じ行動をするのを見たときにも活性化する。つまり「見たこと」と「行うこと」を直接対応させる神経機構が同定されたのである。

興味深いのは、ミラーシステムに関連する主な部位が、ヒトの言語に関連する部位（ブローカ野）に相当することである。そのため運動と言語の関連も示唆されており、身振りや手振りなどの動作が、コミュニケーションとしての言語発達に影響を与えた可能性もある。

もしこのミラーシステムの同定と機能が確立されたならば、見取り稽古の解釈や効果判定の議論に直結するのは疑うべくもない。

しかし身体論などにおいては、科学より前に体験・経験が先を走っている。

例えば演出家のピーター・ブルックはミラーニューロン発見のニュースに接し、「神経科学は、演劇界では長らく常識だったことをようやく理解しはじめた」と語っている。

つまり役者たちはとうに体験していたシステムであり、科学が実感に追いついた事例であろう。もとより役者たちは自分たちの声や動きを観客と共有し、一体化できるよう目指していたのである。

筆者としても納得できる体験が多かった。学生時分に自覚していたのは前述したが、当時は普通のことだと思っていた。長じても、見た射の動きが自身の射にも投影され、感覚としてリアルに生じることも少なくなかった。

だが弓道での見取り稽古において、初級レベルではミラーシステムを想像できないだろう。中級あたりから「そういうものもあるかもしれない」とその存在の匂いを感じ始め、上級では「あるにちがいない」と確信する。一方、超級では「どうでもよい」といった境地だろうか。

『弓と禅』の中西政次氏も、同書内で審査員をした時の印象としてミラーニューロンの活性化を彷彿とさせる回想を語っている。

正面に坐ってはいるものの、私一人ひとりと共に弓矢をとり、弓に矢をつがえ、胴作りをし、打ち上げ、引きわけ、会に入り、離れを行った。その射人の身体の中に、私自身の身体が入り込むのである。即ち、射人の身体の中に二重に重なるのである。（中略）つまり門人の数だけ私は弓を引いたことになるから試験が終わってからぐったりした。（中略）射人の身体の中に自己の身体を投写し没入して、共に弓を引く時の自己は個人的な我見我執は全くなかったといえる意識は統一され、澄みきり、冴えた状態であった。

右記は禅の「無住心」に関連する述懐であろう。そもそも無住心とは、心（意識・注意）はどこにも留まらないのではなく、「どこへでも入っていける」との意でもある。そのため、本意気の見取りは禅の修行にも直結するという象徴的エピソードだが、背景にミラーシステムが潜在していそうだ。

同様に、演出家の竹内敏晴氏も「他人を理解する道はその人のからだになってみること。マネてみる。感じ取るしかない」と核心的なことを述べている。

ただ中西氏や竹内氏の体験がミラーシステムに留まらないのは、先があるからである。つまりミラーシステムを活性化したとしても、それに頼っているだけでは不毛なのである。コピーは所詮コピーであり、「本物」にはならず、新たな境地への鍵にはなりにくい。つまり偶然にもコピーが叶ったとして、どのように考察し、実践・発展させていくかが重要なのである。

3 学習としての見取り稽古

見取り稽古を学問に深化させる前に、「学習」というシステムの中で見取りをどのように扱うかを検討する。

昨今、学習理論は内外問わず多く論じられている。ここでは状況論からのアプローチとしてノーマンが提唱する「蓄積」「調整」「再構造化」の3段階の要素を基に考えてみる。

◉蓄積（知識の変化）

読書・伝聞・見取り稽古などを通して、情報や習得目的を把握すること。知識の蓄積が主体であるが、ただ詰め込みでは発展がない。対象知識に体系性や概念性があれば蓄積はある程度容易である。

◉調整（形《かたち》の変化）

各種のスキルの調整や、繰り返しの実践で得た知識をまとめて自動化を目指す。繰り返し実践の数稽古や、効率化を図る工夫稽古が該当する。

◉再構造化（感覚・認識の変化）

新たに適切な概念構造が形成され、深い内省を通して主観的な感覚が変化する。模倣していたものが模倣を超え、自分のものになる。もはや外見上の形《かたち》のコピーではなくなり、活きた自身の「型《かた》」となる境地。

特に重要でかつ困難なのが、再構造化であることは想像に難くない。見取りや読書によって得た知識や方法は、反復実践や工夫考察によって自身の中で再構成される。そして外見上にみられる形の変化だけでなく、感覚・認識が深化し型に至る。この過程を生田久美子氏は、フランスの社会学者マルセル・モースの研究にちなんで「ハビトス化」と称している。

ハビトス化では、ただの模倣から意味を持たせた感覚変化を伴う。つまり模倣では意味のなかった感覚に対し、解釈の努力を経て自分にとって有意なものへと変化させ、主体的な動きに転生する。ここでは、わざ特有の「間」や「拍子」が体得された状態である。

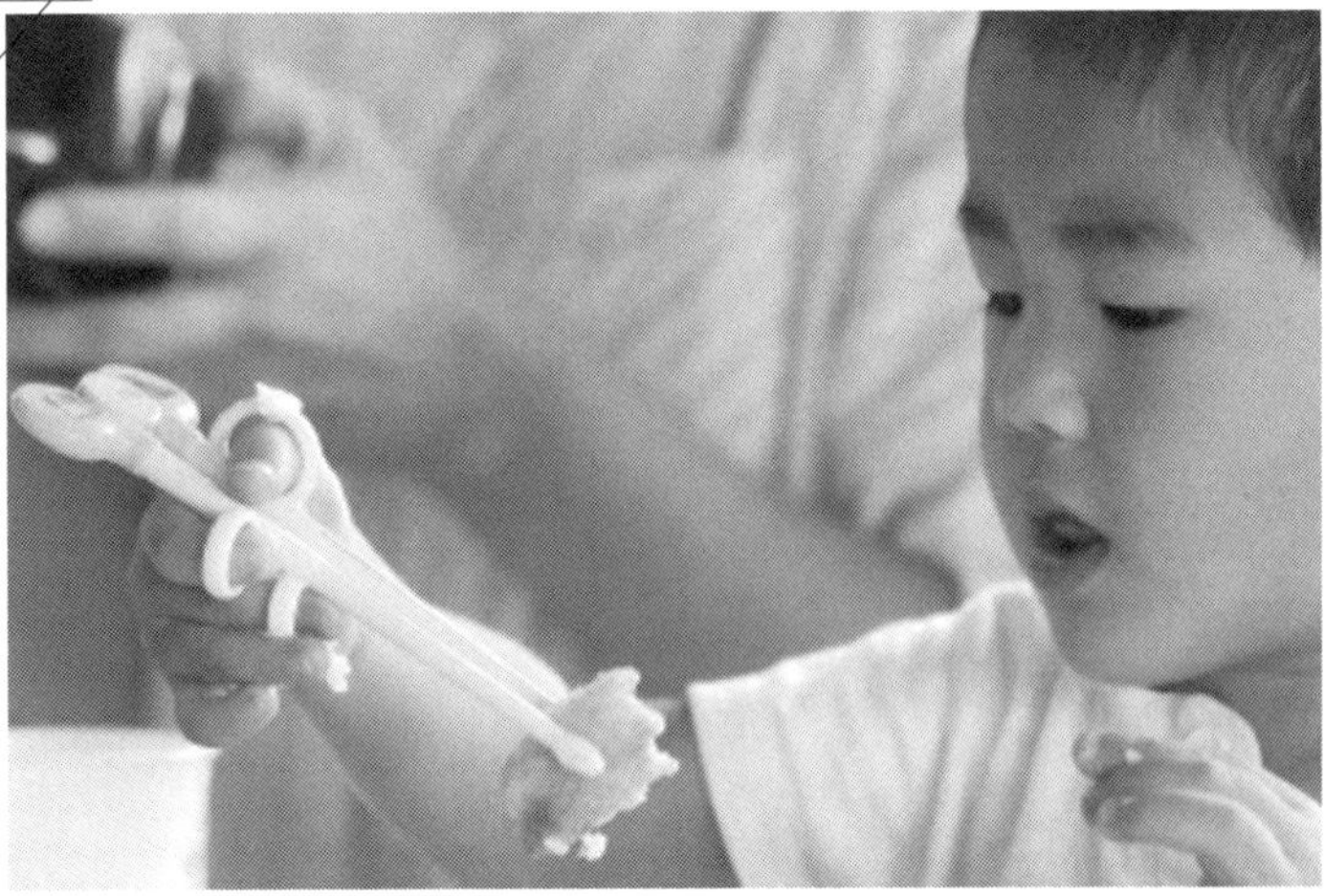

例えば子供の箸使いを挙げてみる。箸使いを始めたばかりの子供は、当初ぎこちなく扱っている。周囲で箸を自在に使う大人たちを見ながら、自らも使おうと意欲を高める（蓄積）。次第に、当初は形を整えようとしていた行為は減る（調整）。そして「箸でものを掴む」という主体的な行為の延長から、自在にかつ無意識に使えるようになる（再構造化）。

再構造化（ハビトス化）については、世阿弥も同様のことを述べている。未熟なうちは師の外見上の形《かたち》を模倣しただけで演じる（無主風）。そして師の示す形を十分に模倣した後に、自分自身のものに昇華・再構成し、わざに進展させる（有主風）。この有主風もハビトス化とほぼ同義であろう。

特に有主風が活きるのには、固有で機能的な「間」が必要である。間とは、連続体のわざの中で仮の分断を設けるリズムであり、主体性の顕現に繋がる。この点について西平直氏は、「有主風とは無心を伴った新たな主体性」と述べている。

これは「似せる」「似せぬ」状態から進化した「似得る」位である。もちろん、いくら似ていても「似せよう」としている内は未熟である。似せようとする意識がなくなった境地のさらに先とは、無理なく苦でもない正に演者が「芸の主」となった状態である。

加えて重要なのが、調整から再構造化に至る中で、学習者自身が第三者の視点を持ちながら想像し評価していくことである。模倣に工夫を加えられるようになると、「これでよいのか？」「師匠なら今の自分をどのように評価するか？」などと、自分を客体化する意識が芽生える。そして観を練りつつ「内的対話」「内的批判的吟味」が始まり、すぐに結論が出なくとも正に悩み続ける。そして新旧の知識と実践で得た体験を通じて、コピーした動き（思想）に自分なりの意味付けをしていく。当初はやきもきしながらもトライ&エラーを繰り返すことで、「新たな認識（感覚）」に昇華する。そしてただの「形《かたち》のコピー」ではなく、「活きた型《かた》」へ再構造されるのである。

さらに別の視点として、師匠や練達者との「共鳴」も不可欠である。そのために、学習者はまず稽古修練の「場」という世界に入り込み、ひたらねばならない。なぜなら真の術は「日常の延長」にあるからだ。

術が展開される「場」に居て、独特な空気に触れることで、学ぶ準備が促される。そして術の動きだけではなく呼吸や間を体感する。総じて「気配」を察知することにつながるが、これは生き物として生死に関わるため、多分に原始的なシステムともいえる。

特にこれらは大脳新皮質レベルでの反応ではなく、より原始的な脳（脳幹など）で反射的に感じるものであって、それが潜在意識下に影響するのではないだろうか。このように脳は意識が及ばない次元で、環境に適応しようと精妙に調整を続けており、術の習得にも影響を与えている。

つまり稽古の世界に入り込むことは、いわば学ぶための受容器を発現させるようなものである。そして見本固有の間や拍子を感じ、「師はこのような感覚があるのだろうか」と想像していく。その上でミラーシステムを活性化させつつ、学習者自身の体内にもその感覚を仮に生じさせていくのである。


余談だが、最近はオンラインでの診療も奨励されているが、アナログな筆者としてはどうしてもなじめない。場の共有がないと、情報量がとても少なく感じるからだ。

特に精神科の診療場面では、名前を呼んだ際の返事の声質や、診察室に入ってくるまでの間や足音、視線の位置や動揺の仕方、臭い（タバコ、酒、便）なども重要な情報なのである。また直接の身体診察が出来ないのも、医師・患者共々不安であろう。

このように共鳴しにくいため、医師から患者への助言も伝わりにくいと感じることもある。もともとかかりつけの患者ならまだしも、初診は特に困難である。もし利用されるのであれば、予め「お互い伝わりにくい」ことを覚悟して臨まれたい。

4 伝統的徒弟制から正統的周辺参加へ

学習者の再構造化を効果的に促すには、学習環境も重要となる。

かつての職人や武術界での教育方針は「俺の背中を見ろ」と言って、新人に対する教育的配慮が手厚いとはいえない環境が常であった（伝統的徒弟制）。

一方でアメリカの認知学者ブラウンは、教育者の支援調整が重要であるとし、「認知的徒弟制」を提唱した。これは①教育者がまず見本を見せる②学習者に練習させ、観察しながらフィードバックする③学習者は様々な作業に挑戦し、教育者は足場を作って手助けし、徐々に支援を減らす④学習者の技術や思考を言語化させる⑤学習者自身のパフォーマンスを振り返らせる⑥学習者が自主的に課題を探索する、という段階を踏むものである。

この過程により学習者自身の学習観も深化する。例えばUK実践塾の宇城憲治氏も、「できる自分」

と「できない自分」の二つの存在を気付かせるため、今の自分の常識を捨てさせるという。そのようにして相対ではなく絶対の「できる」を気付かせると述べるが、このような効果的な支援と導きが認知的徒弟制の特徴といえる。

また学習者から所属する集団への影響も無視できない。

レイヴとウェンガーは社会的な実践共同体への参加度合いを増すことが学習であるとし、「正統的周辺参加」を提唱した。正統的周辺参加の中では、当初新人であった者が、周囲の先輩の見よう見まねを通して、徐々に重要な仕事に携わる。そして徐々に中心的な立場になっていく。つまり今は新人であっても所属の正統的メンバーであり、参加度を増していく存在であるという。

この流れを促すには成長段階に応じて、指導者からの効果的な課題提示が必要となる。その時機と適切なレベルのことを、ロシアの心理学者ヴィゴーツキーは「最近接発達の領域」として提唱した。

これは一人で問題解決が可能な発達レベルと、一人では解決できないが援助を得ることによって達成可能な発達レベルの間の領域のことである。同領域は、当初子どもの教育場面にて研究されていたが、概念自体は他分野にも波及し、後述する状況的認知論の論拠ともなった。

ヴィゴーツキーの説を踏まえると、有能な他者（師）がうまく学習者の足場を作り、支援することで成長を促すのである。よって新人を放置してはならず、支援とその解除が適切に行われることで学習者の知識構築が進行する。

このような理論が提唱されてきた背景には、学習観の発展からの影響もあった。これまでの学習理論では、学習は個人の頭の中での記号操作とみなし、知能は個人の頭の中に宿ると考えられていた（個人還元的学習観）。その中では知識をいかにして効率的かつ効果的に頭の中に入れるかが求められた。

しかし、人は人とのやり取りの中で社会的に知能を構築するという状況的認知論が生まれ、前述した正統的周辺参加論の前提となった。

これらの知見などから、「学習とは学習者が環境・他者と協調して知識を構築する営みであり、知能は環境と他者に分かち持たれている」と考えられるようになったのである。

具体例として最近の医学教育の場面でも、医学生はただの見学者ではなく、医療チーム内の「student doctor」として所属するようになった。かつては見学者であった医学生も、医療現場に主体的に参加することで学習効果が上がることを目的としている。

つまり「ただ見る」だけでは学習効果は乏しく、「主体的に参加しつつ見て、いずれは組織内で重要な役割を担う覚悟もする」のが見取り稽古の本質のひとつになる。そして何よりもそのシステムと効果を、指導者と学習者両方が同じ認識で享受しておかねばならない。

5 内弟子という環境

学習環境のことを踏まえると、往年の「内弟子」という形式も有用であったと考える。内弟子であれば、終日その世界に入り込むことができており、師の有する「呼吸」や「間」などに触れられる。確かに稽古時間は通いの弟子よりも短いかもしれないが、師とは共鳴しやすい。多様化する現代で内弟子制度は全く流行らないが、相撲部屋や落語界などではかろうじて残っている。そのように考えると技術職などの世襲も、独自の環境への共鳴が発揮されていれば効果的な場合が多いとも考えられる。

その例として、宮大工の小川三夫氏も「その目や指の感覚を学ぶには、親方と一緒にやって、自分の体に親方の感覚を写し取るしかない」「体から体に技や感覚を移すのが職人の修業だ」と述べている。これにはミラーシステムだけでは事足りず、やはり内弟子や徒弟制度からの効果も求められるはずだ。

かつての内弟子制は、まさに共鳴を通しての修練を促す格好の場面設定でもあった。それは師匠や兄弟子の呼吸や間を、終始感じ取れる環境である。その環境下で修練を重ね、自身の中で活かす方法が確立したら、上級に向かう「準備」が出来たと言える。むしろ、この準備が出来ていない者は指導してはいけないとすら思う。講習会に何回か参加しただけで、真の術が身に付くわけではないのだ。

この目的と効能を予め明らかにしないと、内弟子制や寮生活が「奴隷制度」「カースト世界」であると頓珍漢な評価をされてしまう。そうならないためにも、師匠や兄弟子たちもきちんと弁《わきま》えて振る舞う覚悟も必要になる。

ただし場を共有すれば、誰からでも学べるとは限らない。

特に見本に対して、見て真似てみようとする対象への「信頼」や、師の「権威」も不可欠な要素となる。当然のことパターナリズムは排除すべきだが、まずは見本が「善いもの」であるという前提が、機能的な同調に繋がる。

そのため後輩や初心者から見取り稽古する際にも、格下と侮らず、師に接するがごとく敬意をもって見る必要がある。さもないと「場」に入り込めず、何も得られない。

それでもやはり現代の生活スタイルでは、内弟子制は現実的ではない。そのため、前述した正統的周辺参加を前提とした指導と学習が必須となる。例えば、あえて見ようと思わなくても、どこかで師が眼に映り、雰囲気に触れられる環境作りが必要であろう。そして個人の成長がすなわち組織の成長であることを忘れず、指導者と学習者は各々の本分を活かしていけるとよい。

6 動画学習の注意点

最近ではコロナ禍の影響もあり、武術界に限らず動画などでの学習機会も増えた。手段が増えることはよいが、結論からいえば現段階では動画学習から真の術を得ることは極めて困難であると考える。

これは多くの師匠方も肯ずることであろう。そもそも動画に出ている師匠たち自身も、本当の妙は伝わると思っていないはずだ。

なぜ動画学習ではダメなのか。大きな理由の一つとして、一方向的な「提示」には共鳴が困難であることが挙げられる。

元来、何かを教えて導くには、到達段階の判断と的確な介入が功を奏する「時機」の把握が必要となる。禅でいうところの「啐啄同時《そったくどうじ》」が理想であるが、そのためには修学における彼我の関係性が心理的に密であることが求められ、しかも師自身の見取り能力も重要となる。

適格な師は学道者を放置せず、かつ介入し過ぎない。しかもその時機は、意図的ではなく、直接交流のある師がふと自然に生じるものとして察知するのである。だから共鳴がないと成立しない。

つまり初学者がいきなり奥義の映像を見ても、表面的なマネにしかできないのである。当然、適切な修学を経て、身に付く準備が出来てからでないと奥義は理解できない。すなわち前出の「最近接発達の領域」を彼我で把握されない学習では効果は得られない。

要するに極端な例だが、坐禅の作法動画を見て模倣するだけで悟れる者などまずいないことからも明白である。外見上の動きが特に少ない弓道でも同様である。そのため現段階での動画学習は、あくまで導入用の紹介要素を示すのが主体であると心得ておくべきである。

また前述したように、術は日常の延長にこそ表れる。特に芸道や武術は日常と切り離せない。いうなれば、限定した場面でのみ展開される技は術に至らないのである。特に真の武術は準備もなく、いきなりできなければならない。しかも一度でも失敗したら死ぬのである。一方で陸上競技など、限定された場面でのパフォーマンス技術を学ぶのであれば動画学習もある程度の効果はあろう。

さらに芸は人間（演者）そのものを表現するといっても過言ではない。だから、動画のように一部分だけを切り取ったモノは常に不足している。

先に論じた内弟子制ならば、学道者は師匠の日常に貼り付ける。だからいつでも師の存在を感じ、間や拍子に触れられる。さすれば、技術や思想に対する師の洞察ポイントが日常に滲み出た際に、自然と学べる可能性がある。そのようにして師の一人称世界（主観）を探り、有形無形のことも感じ取り、学道者自身の体に写し納得させていく。この繰り返しの中でカンやコツを見取りつつ内省していくのである。この点は動画では全く学べない。

むしろ稽古場面そのものより、ノーサイドとなった場面での所作や会話の方が重要といえる。ゆえに、よくよく「謦咳《けいがい》に触れる」というのは馬鹿にならないのである。

さらに画像のアングルや被写体の大きさなどについても、「撮影者の思惑」がバイアスとなる点も問題である。同時に撮影機器や再生機器における補正方法などの機能もまた、「メーカーの思想」というバイアスになる。

また実際には違った角度から見たかったとしても、それは叶わず、想像するしかない。しかもフォーカスしなくてよい箇所までくっきり見えてしまうと、かえって本体が見えにくいことも少なくない。いずれにせよ、画質が高ければよいというものではなく、逆効果になっていることも理解しておく必要がある。案外、デジタル画像でない方が分かりやすいこともあり、筆者なんぞも自主稽古ではいまだに磁気テープを使用している。

加えて、どのような環境で閲覧するのかも重要である。例えば同じ動画でも、道場で正座しながら見るのと、自宅のソファーで寝ころびながら見るのでは印象と集中度合いがまるで異なる。ましてや、飲酒しながらの「鑑賞」では全く見取り稽古にならない。

当然、道場などで観る方が集中できる。そのため、かつての筆者もある剣術動画を検証する際、自宅のテレビ画面ではなく、深夜にわざわざ地下スタジオを借りて一人閲覧していた。もちろんきちんと道着に着替え、ポータブルプレーヤーに対し正座しながら見ては実践することを繰り返していた。

それでも2次元画面では、分からないことが多くありすぎる。そもそも実物大ではなく、同じ動画でもスマホ、パソコン、テレビなどの再生画面の大きさによっても印象は異なってしまう。そのため、動画を見ることで、かえって悩みが増えてしまうこともある。

また最近の流行であるタイパを気にして、倍速などで見るのは禁忌である。偽の速さから印象と解釈が大きく歪められてしまうからだ。

そして動画学習といえども、閲覧者側に独断が多いと効果は乏しくなる。少なくとも初心者には、「どの動画を、どのような順番で見ていくのか？」という直接の指導が必要となる。同時に、参考にしてはいけないダメな動画と、その理由の提示も求められる。玉石混交のデータ群の中では「石」の方が圧倒的に多い。判断が出来ない内は「玉」のありかをきちんと示されないと誤った道を歩むことになる。

以上のように考えると、動画などいくら見てもダメなような気がしてくる。外見をいくらコピーしても所詮は劣化した再現にしかならないからだ。

それでも動画学習は手法として確立されつつある。一方で、頭と体がついていかねば持ち腐れる。特に今の師匠方は動画で学び到達したのではないから、価値観のギャップは少なからずあるだろう。今後、動画学習主体で到達した人が、現在では想像もつかない手法で動画を作られることを期待したい。

7 動画学習の有用性

では改めて動画学習の利点はどこにあるのか。

逸材の映像保存はもちろんだが、予め直に習っている者が「再確認」する時は有用であろう。

初めてのものについては、マネしたとて端から劣悪なコピーにしかならない。自身で解決出来る

ゴーグルを用いたVR（Virtual Reality）システム。

手段と素養がないと、例えマトモな疑義が生じても動画学習では早々に行き詰まる。

他方、ミラーシステムを活性化させる工夫として、VRはある程度期待できる。実際、体育授業の跳び箱実践などで利用されている。ただし、運よくカンやコツが得られても、それが本当に的確なのかどうかの判断には指導者の直接的な助言を要する。

またVRで学んだ者が、VRを使わずに指導できるようになるのかも懸念事項である。大切なのは出来るようになった後であり、指導者は学習者の感覚を掘り起こしてアセスメントさせる必要があるだろう。

なお生成AIの技術も進歩し、一見すると本物のような画像や動画も多く出現してきた。しかし、これらは過去の映像の寄せ集めにすぎない。

一個体での完成形でないため、術としての一貫性は皆無である。だから、もし先達の射士千人をもとにした究極の射法動画などが出来たとしても、決して参考にしてはいけない。

総じて、動画に限らず「見て想像する」というのはやはり簡単ではない。想像は自然には湧き上がらず、あくまで経験（論理、感情）からの想像的再構成が本質となるからだ。故に動画学習の効果を上げるためには、目で見えるもの以外への配慮を増やすしかない。

例えば、ゆる提唱者である高岡英夫氏の「身体意識図」のような観点があれば、動画や写真からの学習も効果が上がるだろう。同図より筆者も多く学んできた。詳細は氏の成書や月刊『秘伝』（BABジャパン）を参照されたい。

また個人的な経験談として、剣道の試合動画などは見取りに効果的と考える。まずは一本になったときと、そうでないときの違いを見取るようにする。ただし剣道経験者でないと、速くて分からないかもしれない。しかし竹刀の動きや打突部位だけを見るのではなく、両者の「気の交換」や「間合いの攻防」などを見るようにする。すると徐々に、どちらが優位であり気の通った打突が生まれるのか予見できるようになる。

野球でも同様である。打った打たないだけを見るのではなく、ピッチャーとバッターの「気の交換」を見るのである。基本的にはピッチャーが優位なのだが、バッターの間合いや呼吸のリズムにピッチャーが合わせられると、「投げる前に打たれる」などと看破できるようになるかもしれない。また合わせられる前に、ピッチャーが間合いを外したり、牽制球を投げたりする予想も立つようになるだろう。

またはどちらか一方に「同化」してみるのもよい。対象が有している視界や受けている気を想像し、自身のからだに転写してみる。そこで「やれる！」「やられる！」という機会を感じる取るのだ。

この時、動きや表情など変化し続けるモノよりも、通底する変化しないモノへの洞察を密にしていく。当然、その際には視覚以外にも聴覚・触覚なども関与する。

これらのように動画から学ぶのであれば、適切な動画からの適切な想像をひたすら逞しくしていかねばならない。そしてその想像は技の展開場面に限らず、対象者（師）の生い立ちから家族背景、現在の思想に至った経緯、日常生活のリズムなどにも及んでいく。師が術を展開した時間、温度、太陽の位置、空気の流れ、音、振動、相手の力量など色々な要素の想像も間接的に重要になる。

そのため画面に映らないことをくみ取らねばならないが、やはり動画のみでは憶測の域を出ない。だからこそ新情報に触れる度にミラーニューロンを活性化させつつ、見取り稽古を通して想像した感覚での実践を繰り返す必要がある。

なお、見取り稽古の観察対象は他人とは限らない。むしろ自分自身の映像を繰り返し見るのも重要である。今と昔の差を感じ取れれば、進歩に繋げられる可能性が高いからだ。

上達した直後の映像を見る時、最初は良い感覚が再生されるかもしれない。しかししばらくすると未熟なものとして感じ直していく。この点に関して、当会の増田隆洋（外科医）も、手術の力量を向上させるためにも「自分の手術」をよく見直すことが重要という。そのようにして学道者は自他の観察から自身のミラーシステムを活性化させ、自身の感覚を刷新するよう努めるのである。

そして見取り稽古は指導者にも成否が大きく委ねられる。学道者にとって今必要なことを見抜き、時機を逃さず指摘するには、師自身も自他を見取る力量を磨き続けねばならない。

以上のように、機能的な見取り稽古の展開には、極めて精緻でかつ双方向的なやり取りが不可欠なのである。逆に動画学習では一方的な視覚情報の押し付けに留まるため、見取ろうとする学道者には常よりも深い観察と感覚の洞察、そして各種の素養が求められる。それは師から直接見取ることより高度な次元である。だからくれぐれも「動画学習の方が楽だ」なんて思うことがあってはならない。

……少し鑑みただけでも、往年の先人たちが「見て覚えろ」と言っていたのは一理あったわけだ。ただ現代風に換言するなら、「見ながら感覚を想像し、それをなぞるように実践を繰り返して覚えるよう心掛けなさい。必要な時には声をかけてあげるから。」という所であろうか……少々くどいようだが仕方あるまい。

8 アフォーダンスという導き

見取り稽古では「環境からの刺激」も無視できない。実のところ、この刺激はただ学習者の修練意欲に作用するだけではなく、「動作を導く」ことすらある。

このような機能を有する刺激の一種は「アフォーダンス(affordance)」と称されている。これは1960年代にアメリカの知覚心理学者ジェームズ・ギブソンによって提唱された理論である。なお、本用語は動詞 afford からの氏の造語である。

具体的にアフォーダンスとは「環境が動物に与え、提供している意味や価値」のことをさし、「環境が動物に対して備えている潜在的機能」とも解釈される。その機能には言語的な解釈を経ずに

「座り」に導かれるか、それとも……!?

直接実践活動に至ることもある。

アフォーダンスの例として、「椅子のようなモノ」を見て座ろうと自然に導かれる現象などが挙げられる。この「椅子のようなモノ」を見ていきなり咥えたり、頭に乗せたりするような人はまずいないように、機能を有した形状が適切な動作を導くのである。

このようにアフォーダンスとは、環境が主体となって身体との相互作用に働きかけ、「行為」を実現させるための条件を兼ね備えているのである。

ただしアフォーダンスだけで行為が生まれるわけではなく、受け取りも十人十色である。むしろアフォーダンスは、機能としてユーザーに掘り起こされるのを待っている状態でもある。先の「椅子のようなモノ」も、椅子として認識され扱われてからはじめて存在意義が証明される。

もし椅子として扱う者が現れなければ、椅子としてのアフォーダンスは埋没したままとなる。前出の「椅子のようなモノ」に対しても、歩き始める前の乳児であれば、よじ登る対象として扱われるかもしれない。この時、乳児には椅子としては導かれていない（前ページ写真）。

では武術稽古においてアフォーダンスを考慮する意義はどこにあるか？

それこそ無数にあり、修行者が自身を取り巻く環境の中から有意な刺激を積極的に抽出せねばならない。

例えば剣道などの懸かり稽古を考えてみる。これは元立ちの絶妙な形（受け方）で仕掛けの技を学ぶものである。特に元立ちがわずかに隙を見せて、すかさず掛かり手が打ち込めるように導くのであるが、その元立ちが提示した形や間には「打ち込ませるアフォーダンス」が含まれているといえる。

ここで重要なのが、アフォーダンスが強く発揮されるのは自身と対象との「境界面」にあることだ。師に直に触れるなら、接触部位が境界面の候補になる。見取り稽古では視覚や聴覚の他に、肌感覚も境界面の候補になるだろう。この境界面は自他を区別するものではなく、いわば形而上も含めたレイアウトや出来事を察知する「場面」と換言してもよい。

これは道具で考えた方が理解しやすい。

例えば弓矢を手にして、いきなり腹に巻き付けるような動作には導かれない。乳児でない限り、弓矢として扱おうとするだろう。自験例だが、幼児ですら弓の使い方を教えなくても、手にした途端に「引こう」とする。すなわち弓矢という道具自体が、既に「番えて射る」というアフォーダンスを有している。少なくとも手にした以降は発揮されていると筆者は感じている。

もちろん射の型を学ぶことで、より機能的に引き分けさせられる感覚にもなるだろう。ただ自分が引き分ける、ではなく、弓矢自体がそれを導く機能を持っているのである。そのため長い年月を経ても形状が大きく変化しない道具というものは、機能面での完成度が高いといえる。

では立てかけてある弓矢を「見た」ときはどうか。実際、この時にも引き分けるためのアフォーダンスは既に始まっている。だから独りよがりな操作ばかりしていると、この有用であろう刺激を感じ取ることができない。

このように師や道具などとの境に生じるアフォーダンスではあるが、「画面」ではそれらの境界面が曖昧となり感じ取りにくくなる。というより、ほとんど感じ取れない。境界面が画面になるので、あくまで再生機器あるいは画面自体のアフォーダンスを感じ取るにとどまるのである。もしくは映像から惹起された「表象」やミラーニューロンの活性によって、閲覧者内で何かしらの感覚変化が起きることはありえる。特にアフォーダンスの脳内活性化部位はミラーニューロンと一致し、特に腹側運動野はアフォーダンスの知覚と深く関わるとされているからだ。

ここで再度剣道を例に挙げる。「画面上の元立ち」に打ち込むことを想像しても、やはり細かな感覚は浮かびにくいだろう。一方、VRだともう少しは感じられるかもしれない。なぜなら「一人称視点」での映像の方が、脳内での動作シミュレートが容易なのではないかとも考えられているからだ。だが、師ではなくAI（あるいは機械）との境界に生じる不自然さはぬぐえない。

特に画面からのアフォーダンス受け入れは、眼（視覚）と耳（聴覚）の窓口に限られる。それにも関わらず境界は曖昧なのだから、動画や写真などだけ見てマネしても全くもって表面的でしかない。やはり直に触れ、その世界に入り込んでひたらないと技の呼吸や間を感じることができない。

つまり入り込んだ武術的な世界そのものが、上手く動けるようになるためのアフォーダンスを有するのである。これを動画上で導き感受できるようにするには、技の展開時の感覚について「複数の表現方法」で伝える工夫を要する。特に何に触れ、聴き、イメージしたかなど、それこそ鬱陶しいくらい詳しく語っても十分にはなりえない。

それに関して前述の認知的徒弟制の中では、「知識は状況からアフォードされる」とも考えられている。つまり知識の獲得には主体と状況（環境）の相互依存的関係の中から浮かび上がるのである。よって、動画の中で師と弟子の日常風景（特に食事や雑談、家事の風景）のイメージビデオのような部分があれば技への認識の仕方も変えられるかもしれない。

筆者個人としても、技の羅列や解説よりも師の自主練や散歩風景などのほうから学ぶことが多い。そして何かしらの刺激から導かれるように「こうやってみたい」という意欲がアフォードされる。

そのためにも、いかにして技に「思想」を感じられるかが重要になるだろう。あるレベルからは動画や写真だけでも分かるかもしれないが、そこに至るためには動画だけでなく、師の著書を相当に読み込んでは、夢に出てくるまで思い起こし、頻繁に他の分野も研究する必要がある。次章で紹介する構造体イメージなども、イメージそのものが既に各人における思想の一端となりうる。

9 分節解釈の功罪

本来は有用であるべきアフォーダンスの感受を阻害するものは多々あるが、その一つが「分節解釈」である。

射法に限らず何かを説明する際、細かく刻んで各々に解説を加える手法が通常とられる。この分類を主とする考え方は、多分に西洋的である。ただしその手法では、分類してはさらに分類を重ねていくことになる。

この果て無き分類は、不断の努力を有する割には最終的に何を目指すのかが不明瞭になりやすい。すなわち「木を見て森を見ず」の状態に陥り、部分にとらわれて全体を考慮できなくなる恐れがある。

現代の武術においても、技（型）の伝承には系統的分類と言語の解説が伴うことが多いだろう。でも本質を突いた分節解釈は困難だ。

例えば西洋医学における解剖学では、上腕三頭筋が肘関節を伸展し、上腕二頭筋が同関節を屈曲すると分類される。そのため各々は伸筋・屈筋ともされる。しかし、武術の世界では必ずしもそうとは限らない。これは人体（生体）をテンセグリティ構造体（後述）以上で認識していれば、西洋的な分類分節が十分でないことが直観で分かる。

残念ながら分類分節では、いずれ拮抗や浪費を生むことになる。もちろん存在として対立するものがあってもよいが、ぶつかって互いの機能を損じるようなことのないよう、あくまで両立することが求められる。

それら拮抗・浪費・両立の対比を、関節の曲げ伸ばしをモデルとして次ページに示す。

まず拮抗では伸ばしつつ曲げる力が相殺してしまい、総エネルギー100に対して出力が伸曲の差2しか発揮されない。しかも曲げ伸ばしを逆転させようとすると動きはぎこちなく、ギシギシと音を立てて動くようなイメージであり居着いている。

次に浪費では対立要素を除いているので、総エネルギーを全て出力する。一見、パワフルのように見えるが、極端すぎて伸曲の切り替えの度に大きな振れ幅がある。威力が大きくても愚鈍な動きであり、いわゆる「当たりさえしなければ隙だらけ」となりこれも当然居着いている。

一方で両立では、対立する動きが邪魔をしない関係性にある。伸ばしつつも曲げる準備が出来ているような感覚であり、相殺されないため出力も確保される。また伸曲の切り替えも各々2しか変化しないためスムーズであり、ロスがない。これは武術的には居着かずに「利かせ

力の拮抗・浪費・両立イメージ

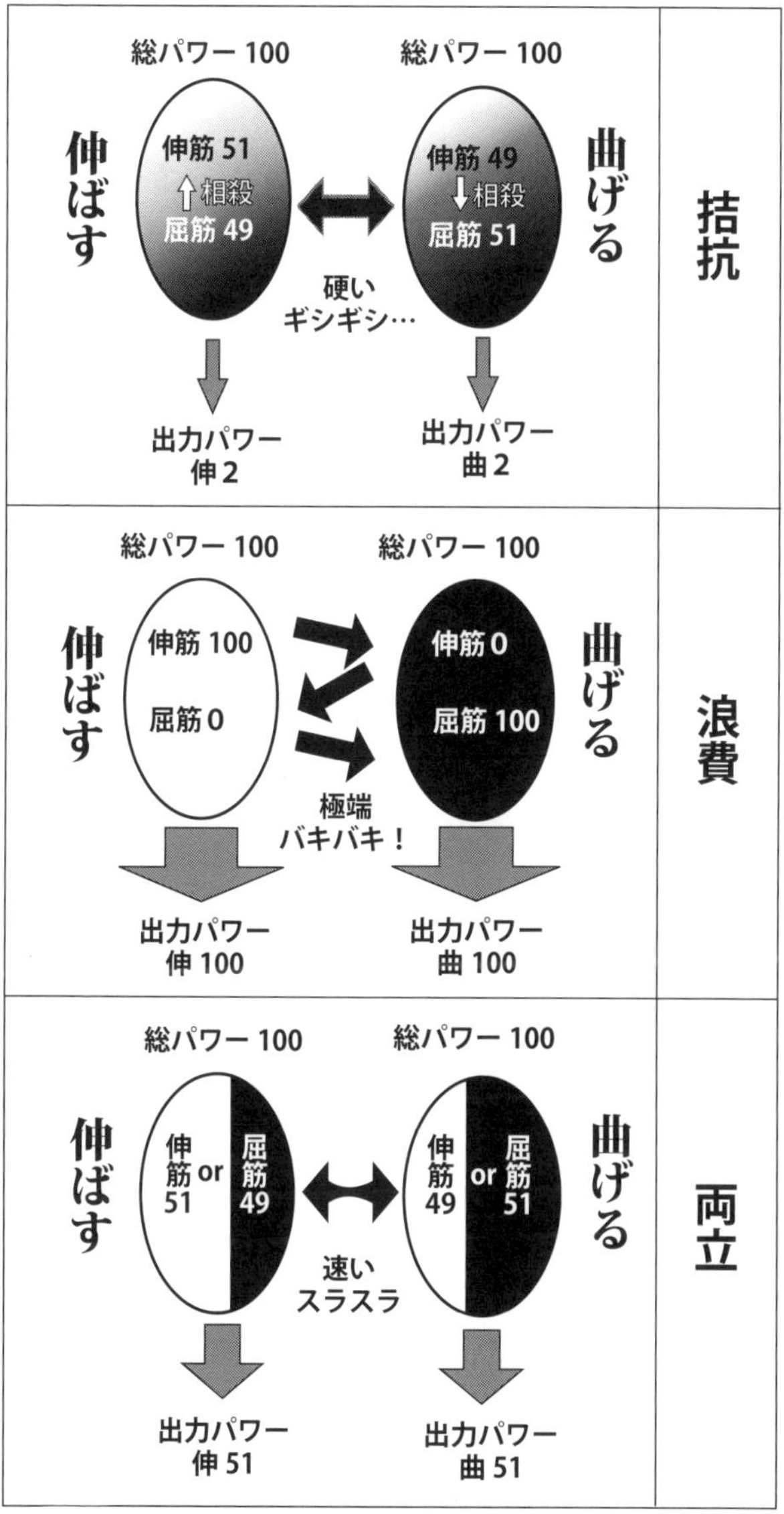

弓道の型「射法八節」

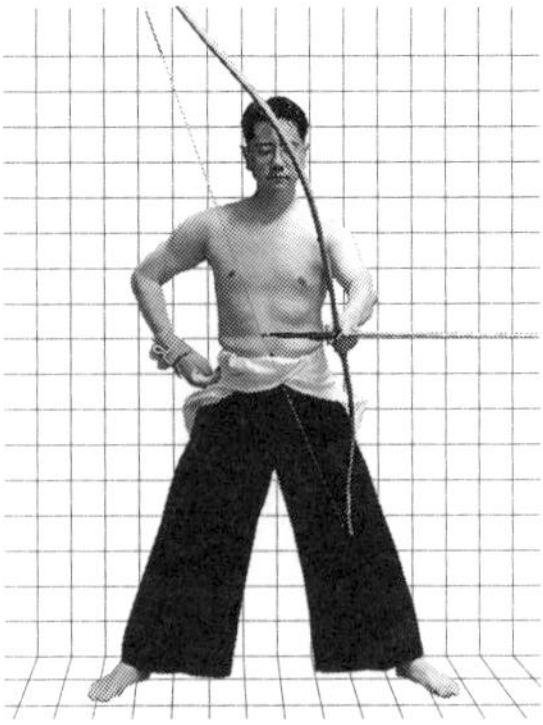

①足踏み・②胴造り

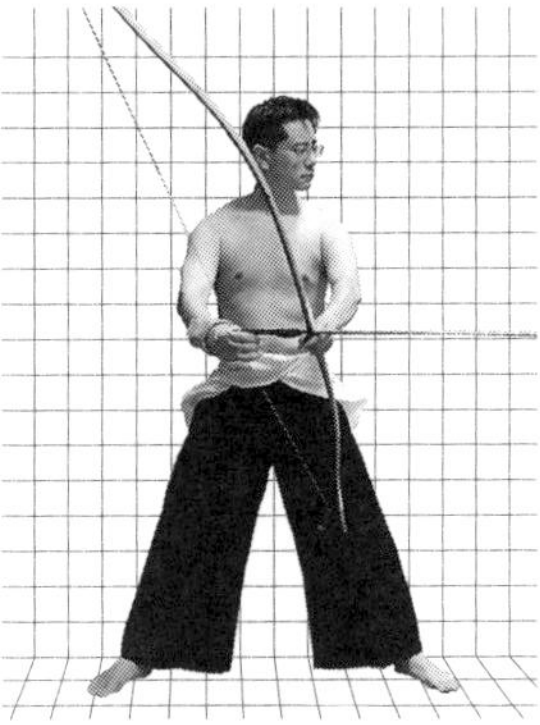

③弓構え

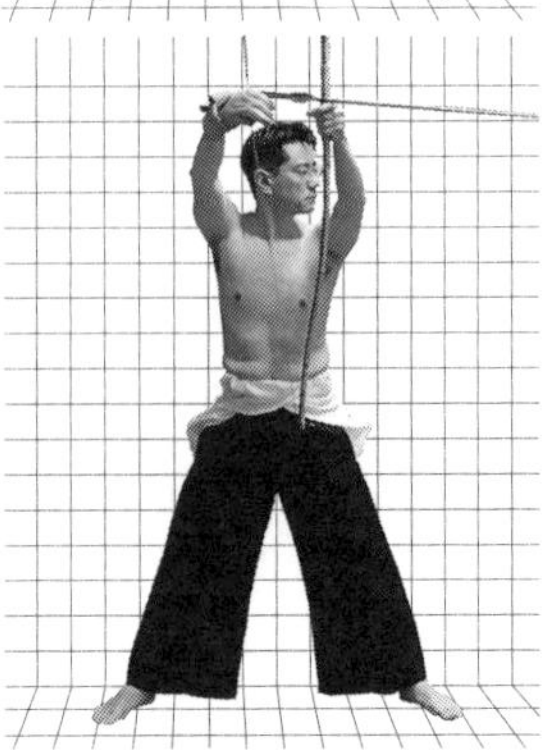

④打起し

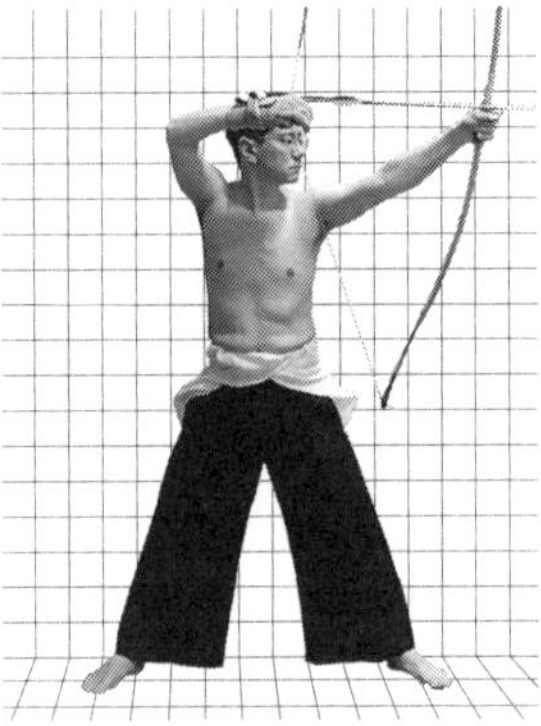

⑤引分け（大三）

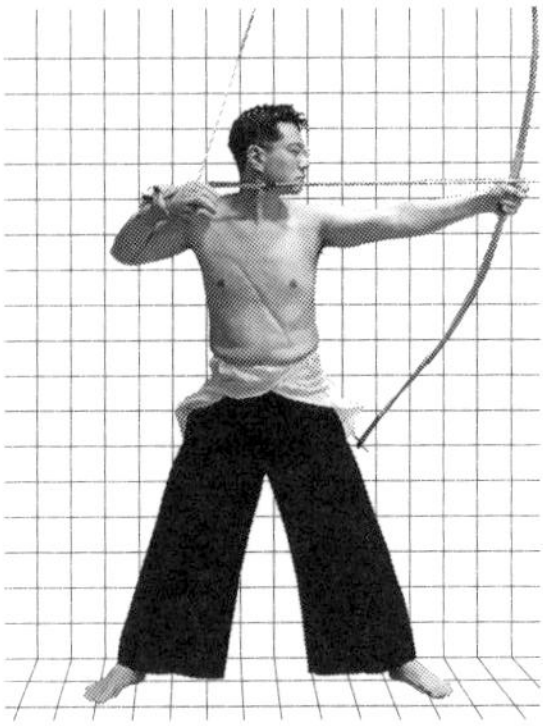

⑥会

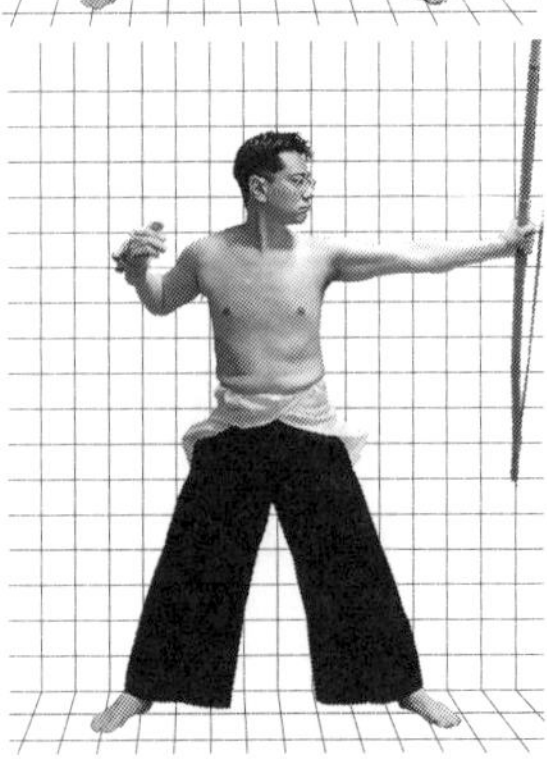

⑦離れ・⑧残心（残身）

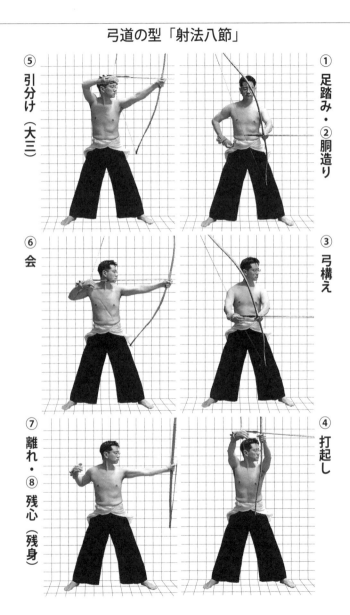

た」状態であると考える。

この利かせた状態を全身に展開した上で射術に臨むべきなのだが、弓道における「射法八節」のように節が8つにも分けられた型では至る所で拮抗や浪費に陥りやすい。

特に節の度にギシギシ、バキバキと音が聴こえるかのような動きは、拮抗や浪費である。本来の節は止めて分断する箇所ではなく、両立を保ちつつあくまで連続性の中での一視点に過ぎない。それはさながら竹の節のように、全体が撓んでも折れないための強度を保つような存在ととらえたい。その上で射法を見取る際には、「射手の節へのとらえ方」を通して、どのような構造体イメージを有しているのかを見極めることが重要となる。

それでも指導場面では便宜上、分節解説が用いられる。特に情報交換に用いる言語は分節そのものであり、注意を要する。そこで術を分節して扱うことへのメリットとデメリットを考えてみる。

分節のメリット

・指導をする際に共通用語としてあつかえる
・初学者が注目ポイントを知る

・段階評価がしやすい
・学習者の足並みを揃えやすい
・指導者が言語化しようともがき、自身の内省力を上げる

分節のデメリット

・やるべきことを「チェックリスト」にしてしまう
・安易に「出来ている」と誤解し、深い考察を怠る
・上級になるとチェック項目が増える
・指導者が自身の気にしている所を指導してしまう
・指導者が免責事項として扱う
・粗探しのような指導になってしまう
・分断や分節したあとの統合は極めて困難

前記のように、武術的にはデメリットによる害の方が多く、特にチェックリストの活用は致命的になる。もしリスト項目を批准することが術だと誤認すれば、死に体となるだけである（リスト批准稽古と呼称）。なぜなら簡単に「出来た」と評価し、考察を深めないことにもなりうるからだ。

しかも上級になるにしたがいリスト項目が増えていきかねない。おそらくチェックリストを本気で設けようとすると、1つの行射中に50〜100個ほどにも及ぶだろう。項目が多いほど、不安になりやすいのは想像に難くなく、全てクリアしようと自縄自縛に陥る。これでは1分ほどの行射中にチェックするのは不可能どころか、ポイントを批准することそのものが射の本体となってしまい本末転倒である。正に「チェック地獄」であるが、往々にして陥る。例えば、頻回に動画や写真を撮って確認している者はこの地獄の亡者であろう。

逆にリスト批准稽古は、チェック項目が限られたごく初級者のみに適応する方法であるといえる。ただしこの稽古法が習慣化してしまうと、見取る際にも自分自身が注意している所しか見ないというバイアスが生じやすくなる。これでは重要なものを見落とし、見取り学には至らない。

そのため見取り稽古では自分が気になるポイントだけを見るのではなく、まずは射全体を眼に焼き付け、後に思い返すようにする。そして、「よく思い出せない所」が見えていない箇所なのだと認識を改めていくのだが、多くは特徴的な所に目が向きがちである。つまり「なぜできるのか？」「どうしたらできるのか？」ということよりも、分かりやすい結果や大きな動作が目立つ心象となる。弓道で言えば行射における感覚想像よりも、引分けの形や矢所ばかり注目してしまうといったものである。

しかも、いくらリスト項目をクリアできたとしても、技術思想や生命観を磨かねばロボット動作の「点検」を繰り返しているのと同様であり、活きた術には至らない。

同様に、指導場面でもリスト批准稽古の功罪は無視できない。確かに初心者に対しては漏れなく伝えることや、上達評価にはある程度有用である。しかし指導者がリスト項目をクリアさせることで、一般的に言われていることを「とりあえずやっている」という免責になりかねない。そのように、ただの安易な達成目標としてリストに列挙されてしまうと、ポイントからズレた項目を指摘し、場当たり的な指導がなされてしまう危険性がある。

加えて分節の象徴である言語化も厄介である。そもそも言語は情報交換における最大公約数的な存在であって、全てを表現できない。そのような言語ゆえに、説明自体が足枷になり、感覚よりも言語的思考の方が優先されてしまいやすい。

そのため自信がないまま確実なところを表現しようとすると、「平準的な意味合いのもの」に限られてしまう。それを文章に起こしても、当然ながら誰が書いても同じ内容になり、マニュアルとほぼ同等になる。特に動きや型の種類が少ない弓道界では既に限界であり、近年では同じような本ばかりが出ているのがその証左である。

本来、意拳創始者の王薌齋《おうこうさい》が言うように、「少しでも具体的になれば誤りになる」のである。また武道家の日野晃氏も「技は言葉にあるのではなく、動きそのものにある」とし、特に動画から学ぶ際には音声をカットする要も述べている。

同様に寺田寅彦も、眼が言葉に覆われ「物」を見なくなり取り返しのつかない損失を生むこともあるから「新しい眼」で見なおす必要があるという。

三者の言、まことに首肯するだけである。いずれからも、機械の部品のような言葉（分節）にとらわれず、身体や術に対しては生気論的に臨まなければならないことを感じさせる。

ここで特に忘れてはならないのは、分節された項目の確認は経験に値しないということである。確認とは武術的には低級の知識（理屈）でしかない。しかし大乗的にはこれを取り違えていることが多いようで、とても悩ましい。


以上のように、デメリットの多い分節である。しかし、一度に多くの問題点を一気に解決するような方法を見出せれば、分節しながらもある程度は効果的な修練ができているといえるかもしれない。

それでも問題点を減らしていくよりは、分節自体を減らしていく方がよい。なぜなら分節が少しでも含まれれば流れは消えるからだ。ぎこちないロボット動作と同様に、細かくした「時間」は並べても流れない。やはり「生来有している流れ」や「与えられた流れ」をつかみ、任せる心掛けが必要となる。それこそ時に弓矢という道具から、または環境から、そして他者からアフォー

弟子と師匠のステージ

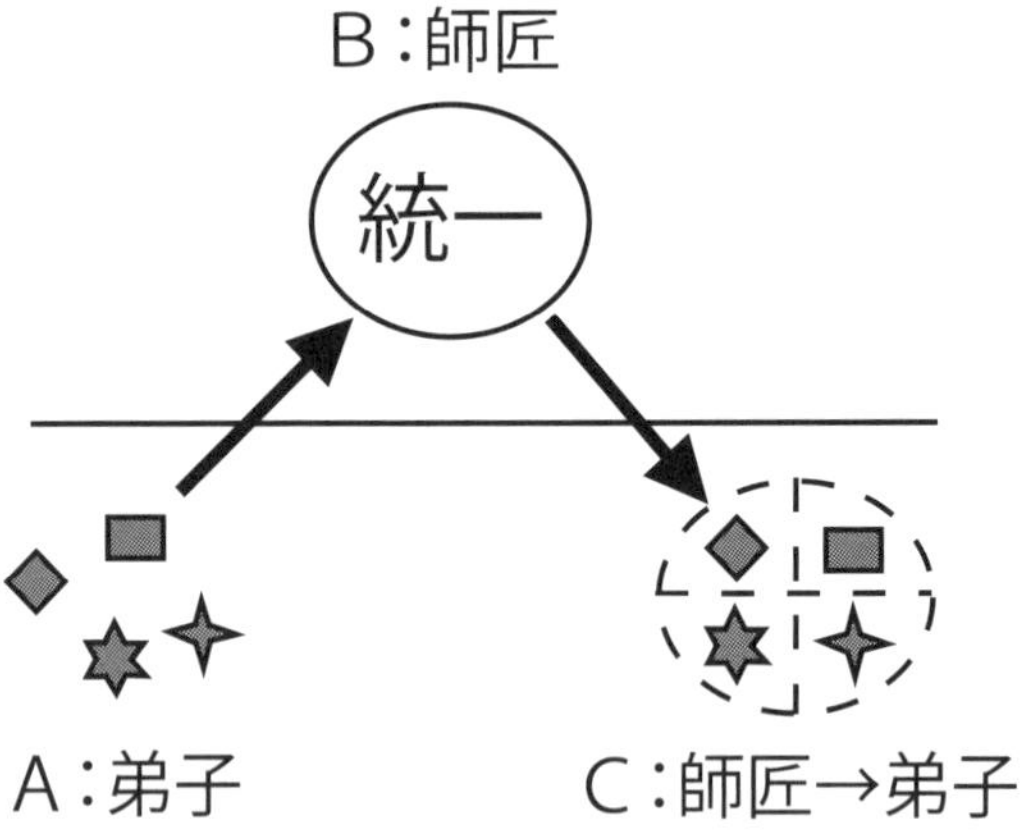

ドされるような感覚になるはずだ。

10 分節の統合という難題

たとえ分節による弊害があっても、ある程度まで上達するならばそれでよいと思う者もあるかもしれない。だが、より高みを目指すとなると早々に「分節の統合」という壁にぶち当たる。

この「統合」こそが、現在の大乗弓道界で最も欠けている観点であろう。

一般的に現代では、弟子（学道者）は技を学ぶ際、言語化を通してバラバラに学ぶ（上掲図中A）。成長によって文字通り一線を越え、統一を果たし完成に向かう（同図B）。師となった後は指導のために、あえてバラバラにして伝えるが、統一した中では自在に分節解釈し解説が出来る（同図

C）。

そのため弟子のバラバラと師匠のバラバラは一見すると似ているが、実際は全く次元の異なったものである。見取る際にはこのことに注意しなければならない。

ここで改めて繰り返すが、分節解釈と言語化はほぼ同義である。そして言語で表現しようとするのは機械論の範疇に入る。だから「口伝」という手法には秘匿という目的以外にも、生気論的で言語化できないことを伝える有用性が確かにあったのだ。そのため分節解釈の仕方と、その先の統合方法にこそ流派の「思想」や師の「思惑」が表れるといえるだろう。

しかし、これを言語化して表現するのも困難である。その中で先人たちは、同じことを様々な方法で表現することで、秘匿性を保ったまま伝承を可能にしていたのである。特に比喩（メタファー）や諺、慣用句を用いて、言外の意を含むような表現も試みられていたと考える。

現代でも「風がない所で煙がゆっくりと立つように腕を上げる……」「冬の夜に霜がじんわり下りてくるような心持ち……」「葉の先から雫が落ちるように離れる……」などの表現を耳にすることも多い。これらは全て生気論的な訴えかけの一助であり、わざ言語にも類する。

余談だが、精神科の診療場面でも比喩表現を用いることが多い。その目的は、平均的な語彙による説明だけでなく、その患者さんに合った得心を促すためである。的確なワードが提示できれば微細な表現をしなくても、ストンと分かるように導けるのである。

一方で難しいことは考えずに、ただ分節したものをただ繋げれば統合できるかといえば、それは全くの間違いである。筆者自身も散々苦労したが、統合には至らないことを早々に確信した。たとえ動作の継《つ》ぎ接《は》ぎをしたとしても、それはどこまでもパッチワークであり、綾錦には決してなれない。

では統合するためには何を注意すればよいか？

まず前提として、一つ認識を大きく改めなければならない。それは、本来分節できないものを人間の都合によって説明（継承）のためにあえて分節していたということである。つまり分節自体が不自然なのである。

そこで最初は意図的でよいから「統合」の視点を生じさせる。そして、節に見える所は「すでに準備されている」「初めからそうなっている」というように認識を改める。そのようにして節そのものを見るのではなく、その直前、さらに前へ前へと注目点を遡っていく。

当然のことのようだが、節と節の間への認識は案外及んでおらず、節そのものに居着いていることが多い。例えば「離れに注目するなら直前の伸びをみること」などは理解に難くない。そのようにして遡ると、足踏みが大切、ひいては最初の姿勢から大切というのも大乗的には受け入れられると思う。

すると、例えば外見上の十文字の踏襲というのは、初歩の初歩であると気付くだろう。むしろ型からアフォードされた十文字の機能を感じ取れるかが重要となる。それにより「十文字であることの感覚」を想像・深化させ、新たな感覚が湧出することでさらなる創造に繋がっていくのである。


しかし、これだけではまだまだ不十分である。最初の姿勢より前に、弓立から弓を持つ瞬間も重要であり、ひいては道場に向かう途中の心掛けも改善が必要となってくる。いわゆる「前の澄まし」にも響く。そして日常動作全てに対し、構造体イメージ（後述）の刷新と共に小乗的な感覚改善を求めてこそ、分節を卒業するスタートラインに立つといえる。

いずれにせよ、部分の結合では統合に至れないが、これは経験がないと理解が困難かもしれない。表現を変えるなら、前へ前へと統合を進めていくことは、分節して解釈していたものを一つでも多く忘れていくことともいえる。

そして結局のところ、一線を越えたステージ（52ページ図中B）に至るには、テンセグリティ以上の構造体イメージを有することが最低条件であるとからだが理解する。分節したままの世界からは、統合した世界をうかがい知ることはできない。

さらに的確な修練を続けていくと、外見上の「シンプルな動き」というのが「シンプルに動く」ことと同じではなく、むしろ逆のことが多いと気付くかもしれない。複雑な術ほど、外見上は「平均的なふるまい」となってシンプルに見える場合が多いのである。

そうして「一見変わらない」ことも不変一定なのではなく、小さな崩壊と構築が無数に繰り返されているといった「平衡状態」であったのだと、次々にからだの目が開かれていく。

それでも中には統合を目指す際に、かえって分節を進めてしまうこともありうる。この逆行は修練上不可避なことであり、一進一退を繰り返しつつ、突然一線を越える日が来るのを絶望せずに待つ根気も求められる。

上記を踏まえて指導する時の注意点としては、「統合することを前提とした分節」にて説明しなければならないことである。特に中級者以上に対しては、チェックポイントの批准では全く武術的深化が望めない。構造体へのイメージを深め、アフォードされる機会を多くしていくべきであるが、この点は動画では絶対に学べないことでもあろう。

総じて、ひとまずは方便としての分節を用いて、どのような着眼点を示せるかが指導者に求められる力量といえる。

11 正しく問うための「見取り学」

見取り稽古の究極ともいえる見取り学を構築するにあたって、ようやく最重要項目にたどり着いた。今までの内容は全て本項目以降のための前置きにすぎないと言っても過言ではない。まずは『礼記―射義―』（部分）を改めて読む。

射は身体周還《しゅうせん》必ず礼に中り、内志正しく、外体直《なお》くして、然る後に弓矢をること審固なり。弓矢を持《と》ること審固にして、然る後に以って中ると言うべし。これを以って徳行を観るべし。射は仁の道なり。射は正しきを己に求む。己正しくして而して後に発す。発して中らざるときは、則ち己に勝つ者を怨みず。反ってこれを己に求むるのみ。

〔大意〕

射は立居振舞いの全てにおいて、必ず礼に則って行い、心構えは正しく清く、服装に乱れはなく、細かなところに気配りをしながら、その上で弓矢を取る。細かなところまで注意深く気配りしながら、正しい心で、基本に忠実に射て、その結果、的中を得た時に、初めて中ったと言う。射は人柄、人徳を観る神聖なる手段である。射は、人としての最高を求めての道である。だから射は正しきを自分に求める。自分が正しく射たつもりでも、それで的中を得る事が出来ない場合には、自分に勝った人を怨むことなく、的中を得なかった自分自身の心や射技を反省しなければならない。こうして正しい事が自然に出来るような自分自身を作るように、自分自身を鍛えなければならない。

これは弓道人なら誰もが暗唱しているお題目であるが、改めて「正しさ」とは何なのかを考えたい。さらに右記の解釈を形而上の真善美にのみ求め、思考停止に陥っていないかなど、術の深化に繋げる努力を見直す必要がある。

改めて述べるまでもないが、ここでの正しさとは「正義」の「正」ではない。仏教における「八正道」の「正」でもない。あくまで自身に必要なこと、いずれ他者にも利が生ずるようなことが「正しさ」なのである。それを以て、自身への追求を続けるのだが、当座は他者と正しさを共有する必要はない。なぜなら個人間で課題は全く異なるからだ。

その中で大切なのは、自身に対し正しい方向で追求しつつ、「主体（性）」が磨かれていくことである。加えて、今の追求の仕方では十分に進歩しないことを適宜自覚できるかどうかである。このようにして誤った先入観を炙り出し、その繰り返しの中で今の自分を否定し新たな自分になる。それでいて過去の自分も受け入れていくのである。

この時に自身の主体にとって「正しい疑い」が内に生じる。而して正しく疑うことから、自分にとって正しく必要な問いを続ける。そしていずれは他人にとっても正しい問いへと繋がる。すると「正しさ」とは成否を超え、さらに正vs邪といった比較や二項対立から判断されるものではないことが確信される。この「正しさ」は絶対的なもので、「そうでないといけないもの」であり、いうなれば邪が入り込む余地がないともいえる。

それでも「正しさ」を測るための尺度が必要と思う者もいるだろう。さすれば、測るには何かしらの基準とどれぐらい一致するかという観点が生じる。だが、あいにくの自身の進歩により基準自体が変わっていく。だから測ること自体が意味をなさない。自他の成長によって必要なものが変わっていくのだから、求める正しさそのものも変化するのも当然である。

この基準が変化することに自力で気付く者もあれば、なかなか認識しない者もいる。実際は主観と客観を行ったり来たりすることで、実のある経験を積むのである。そこで客観と思っていたものが実は主観だったと気付くことが必要であり、この気付きを促すのが「完全なる他者」である師から見取ることに他ならない。

この師は、自身が目指すべき感覚を先行している存在とも換言できる。しかも、たとえ師が先に亡くなったとしても、弟子の中で思念体として生き続け、そこでも常に先をいっている。そのように師は間違いなく自身より高度な存在であることを確約されている存在だからこそ、主体を磨きつつも内なる客観は常に保たれうる。

一方で、価値ある見取り稽古を通しても、常に観察者の創意に繋がるわけではない。しかし正しく問い続ければ、不意に道が拓くこともある。たとえ知らないことでも、正解へのたどり着き方が自然に湧き上がってくるという経験が少なからずないだろうか。それを物理学者のマイケル・ポランニーは「暗黙知」と称した。

正しい問いを続けていれば、この暗黙知をも味方につけられるのである。もちろんそればかり期待するわけではないが、フランスの大数学者アンリ・ポアンカレも次のように述べている。

突如として啓示を受けることがある。しかしそれは無意識下で思量的研究がずっと継続してきたことを示す。

このようにずっと考え続けていて、ふとアイディアが出てくるような修練こそ、良質といえるだろう。そのためには、やはり修練者の主体性が不可欠なのである。

ただ待っていても湧いてはこない。特にいつか得られるかもしれないアイディアを待てるモチ

脳内報酬系

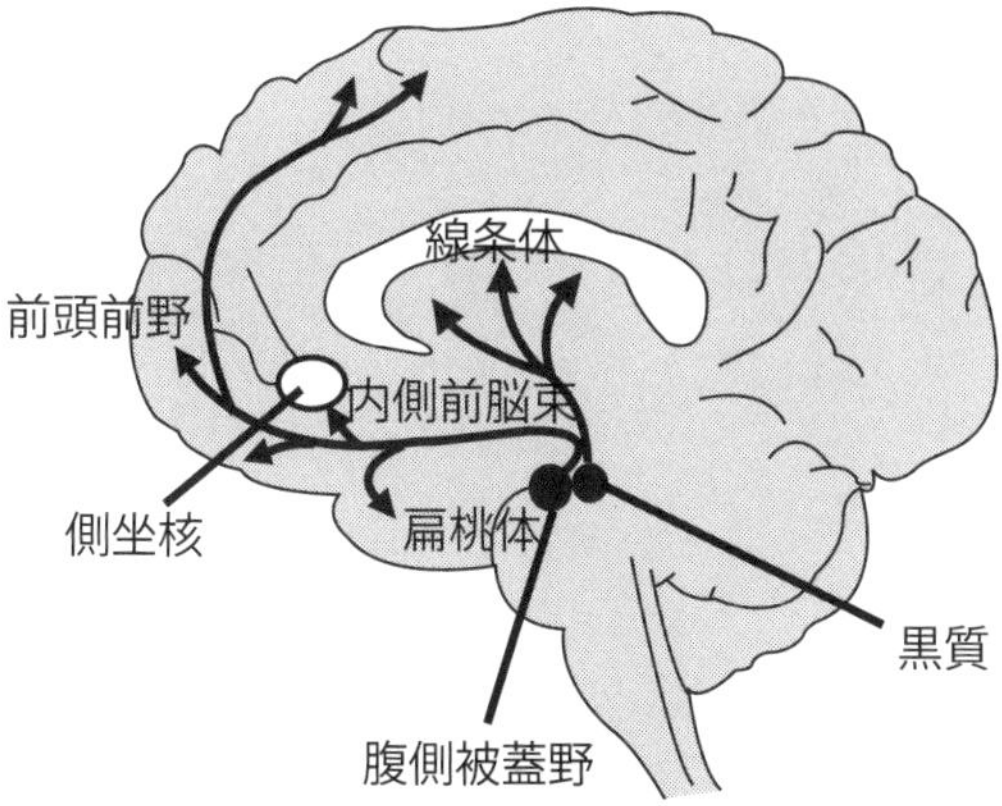

ベーションを保ち続けるには、健全な主体性の顕現が求められる。この境地に至ったならば、修練をやっていないと気持ち悪く、やっている方が普通となるだろう。

ここで一つモチベーションについて取り上げる。

例えば、初心者の意欲向上には、脳内報酬系の活性化が必要であろうと筆者は考えている。報酬系とは中脳腹側被蓋野⇒内側前脳束⇒大脳辺縁系側坐核⇒内側前頭前野に投射されるドパミンを介したシステムである（上掲図）。弓道でいえば、「当たると嬉しい、楽しい、また当てたい」との報酬を介した動機付けがあるのは想像に難くない。

この系でドパミンが分泌されれば、「良かったこと」として動きを固定させるように働く。この報酬系を介して習得することを「強化学習」というが、記憶・技術は定着しにくい。一方で自転車の乗り方のように、小脳での学習は調整しにくいが記憶されたことは忘れにくい。

ただし初学のうちはともかく、いつまでも報酬系に頼った動機では、上達し深く考えるようになって一時的な的中率低下をむかえると意欲が下がってしまう。だから長ずるに従い、報酬系が興奮したとしても反省し、当たらずとも反省し、当たっても反省する必要がある。

そして真の「中り」を目指す中で、報酬系が前面に出てこないように心掛けていく。ここで正しく問うための技術を練っていく必要性が生じる。はっきり言って困難なことである。しかし、ただ浅いモノを繰り返しているだけでは進歩はない。様々な学習を通して、自らに正しく問えれば、答えは自ずと得られるかもしれない。


以上のように主体性や報酬系を考える中で、ミラーニューロンとの関連もありそうだ。例えばミラーニューロンの活性化により模倣が出来たこと自体が喜びであり、かつ「では自分とは？」と主体性を磨く契機になりはしないか。幼い子供が物まねをしては喜んでいるのが良い例である。その喜びが機能的なモチベーションにつながり、健全な主体性の顕現に繋がるとも考える。さらには意識が自他に留まらず、環境への想像、配慮に及ぶようにもなる。

ただ主体性の向上を目指すことで独善を推奨しているわけではない。より未熟であればあるほど、自分なりの正しさについて判断がつかないはずだ。そのため、架空でもよいからどこかで「他者の存在」が必要となる。その他者を巻き込んで自身の中で対話を続け、アイディアを練り続けていくことが重要である。

12　真善美と主体的な稽古

正しく問うことの重要性を踏まえて、求めるべき「真善美」にも考えを巡らせてみたい。

まずもって、「形」としての確固たる真善美は存在しないと断言しておく。一方で、真善美という確立した「認識」も存在しない。

また真善美を儒教的あるいは禅的に解釈するかでイメージが異なる。異国文化の折衷と再編集を得意とする本邦の思考形式は射法においてもみられ、筆者も異論はない。

具体的には論語や礼記などの儒教を取り扱いつつ、老荘思想も混ぜ、禅を介入させているのが現実である。そのため儒教での仁、老荘の道、禅の空という観点で射に取り組む複雑さがあり、それこそ弓道は「観徳の器」や「立禅」であるとさえいう。筆者個人の見解としては、小乗的に武術的思考を深めるには老荘や禅の方が性に合い、親和性も感じる。

そもそも禅では二項対立を否定することから始まっている。つまり「真善美 vs 偽悪醜」の対立が生じるのは禅ではない。要は真善美を超越したレベルを目指すべきなのである。つまり「真でないものはない、善でないものはない。美でないものもない。全てが真善美であるから、真善美であるという認識は不要である」という考えである。

見取り学を目指す中で、なぜこの考察が必要かというと、表面的な真善美を求めるのは本道ではないことを再確認したいからだ。あえて述べるなら「真善美」とは、不完全な自身を主体的に解釈する際に表象としての利用価値はある。そして自身の中にある形而上の真善美を消すためにも、自身に正しく問う力量を自らが求めるのである。

この表面的で形而上の真善美を突破せんとする主体性が生まれると、見たモノの模倣から創意に繋がるようになる。

このように修練により主体性が醸成されると、感覚が小乗的に変化する。特に筆者としては視覚以外の感覚がアフォードされるように感じる。さらに､何かを見取ろうとする主体的な態度は、視覚以外の感覚も深まり、コントロールが出来るようになる。

では視覚以外の深まりがなぜ必要になるのか。

これは多分に感覚的なものだが、視覚情報はとにかく「硬い」のである。そして圧倒的に「強い」ために、他の感覚との連動がなしにくい。アメリカの哲学者で文化史家のウォルター・オングも「視覚は分離させ、音は合体させる」という。

まさにそうなのだ！

なぜ見取り稽古が難しいのか。そして本書のように、なぜ学問化を図らねばならないのか。この疑問を考えることで、見たものへの評価の難しさを自覚する必要がある。

特に視覚情報は、基本的に一方向からしか来ない。一方、音は同時にかつ瞬時に全方位から来て、振動という触覚にも連動する。そもそも視覚の基本機能は「弁別（分けて見ること）」であり、一方の聴覚の拡張的機能は交響楽のように「一つにすること」でもある。

このように感覚に対しての鋭敏さを内省していくと、情報量が極めて多い視覚は他の感覚を鈍にさせると気付く。故に、視覚以外の情報を得るアンテナを増やすべきである。否、すでに用意されているアンテナのスイッチを積極的に入れていくのだ。そしてさまざまに切り替えてみることで、それこそ「聴き取り稽古」「触れ取り稽古」「嗅ぎ取り稽古」「味わい稽古」の小乗的開発に及ぶ。

そして五感全てを駆使して自己と環境をとらえていく。これこそ宮本武蔵が曰く「観の目」にも通じるであろう。

さすれば同じ視覚からの情報であっても、アンテナによっては印象が180度反転することもある。

このようにして目的のアンテナにスイッチが入れられるようになってはじめて、正しく見る準備ができる。視覚による見取りはそれだけ厄介なのである。

ところで聴覚による錬磨といえば、落語修行での「捨て耳」という稽古技法がある。これは寄席の楽屋で下働き作業をしながらも、耳は上級者の高座に向けることである。つまり目の前のことをしながら、師匠たちの噺を聴き自身の糧としつつ、かつどちらも疎かにしないという、高度なマルチタスクをさす。

筆者も精神科医として駆け出しの頃に、同様の経験がある。それは大学病院にて、教授外来ブースの隣で自身の外来診療をしていた時のことだ。隣の声はかすかに聴こえるので、約5年間は自分の診療を油断なく行いながらも、教授の診察を聴き取っていた。その結果、医師としての骨組みを学ぶ機会となった。自分の患者さんと話しながらも、隣を聴き取る感覚は、さながら脳が二つあるような感覚であった。

これはテレビを見ながらラジオを聴くようなものであり、慣れればできなくはない。筆者も独身時代、TV1台とラジオ2台を同時に鳴らしながら複数の本を読んでいた時期がある。視線は本かテレビに向け、耳はラジオへとそれぞれアンテナを向け、必要な情報を「獲り」にいく感覚を磨いた。

これらはただ漫然と情報に接しているのではなく、あくまで主体的に情報を獲りに行く姿勢があってこそのものである。畢竟見取り稽古とは、その主体性を発掘し錬磨する最初の課題ともいえる。

少なくとも外見上の形以外のものを見取ろうとすることで、自らの反応（感覚変化）を俯瞰でモニターできるようにしなければならない。そして自身を俯瞰しつつ、感覚をスキャンすることで主体的で正しい問いの発生に繋がり、創意を生む可能性へ導かれうるのである。

そのように感覚が刷新され続けていると、的確な動作や重要な言葉を獲り損ねることが減り、それらから正しく誘われるように導かれていく。

この導きを感じ取るには、「どのような感覚が生じるだろうか？」と想像し、自分のからだを培地にして発現させていることが重要である。

ただし修練の中で気分が悪くなるようなら、深追いは禁物である。ある種の精神疾患（統合失調症など）がベースにあると、症状が増悪する可能性があるからだ。さらに自閉症例ではミラーニューロンの活性が低いともいわれ、見取り稽古の質向上にはハードルとなるかもしれない。また動画や写真よりも文章の方が理解の早い者もいるだろう。

いずれにせよ、体調を損なうことのないような稽古方法こそが求められる。その根幹には、やはり本人なりの主体性が不可欠であり、指導者はその向上に心血を注ぐべきなのである。

加えて型習得や模倣の重要性なども、正しく問えるようにするための必要条件といえる。もちろん最初は外見上の形だけを真似てもよい。または「想像した感覚」を真似てもよい。そこから新しい形や感覚が生まれてくることもあるだろう。

ただし中級者以上において、部分のマネは愚行となる。模倣するなら対象になりきることが重要となる。つまり外見上の形ではなく心情や感覚を見取り、全体を一つとして取り込むかのように真似るのである。真似するには、それはそれで多くのことを考え、感じることになる。それは正しく問うためには正しく鋭敏になることでもあり、真似るというよりも「移す」という表現の方が近くなるかもしれない。

では「真似るべき型」や「学ぶべき型」とは、どのような存在としてとらえていくのが望ましいか。そもそも学ぶべきものを観取、模倣し自分自身のものにするというのは非段階的なプロセスである。つまり徐々に上達するのでなく、一定期間を経て急にレベルアップする。その最中では知識の体系的な獲得や、経験によって身に付く「カン・コツ」も無視できない。

流派などによっては、ある程度体系化した指導体制（カリキュラム）を有することもある。しかし、小乗的な観点が求められるレベルに至っては、目標は主体的に自ら成していくものとなる。つまり「何時間講習を受けたら出来るようになった」などとは到底言えないのだ。

そこでわざの構成要素を考え直してみると、動き方そのものだけでなく、言語化が困難な「プラスα」が含まれることに異論はあるまい。これは「風」や「位」といわれるような、射（芸）に生命性や美質、雰囲気、場を支配するオーラなどに相当すると考える。

そして健全で主体的なプラスαを実現するには、やはり型の踏襲が不可欠である。しかし、ここまで追求するなら型はただの鋳型の類いではなく、「無限に自分自身を形成してくれる要素」とまで昇華された存在となろう。この無限を発揮するプロセスを経て、まずは外見上の「形」として滲み現れ、「完璧な模倣」を超えてくる。

その一方で、「下手に教わると下手がうつる」ともいわれるために、小乗的なレベルで自浄するフィルターが必要となる。このフィルターこそ、自分自身の中で有効に働く「正しさ」の一翼と換言できよう。

そして、時々はこのフィルターの機能を見直す努力も要するが、機能するとただの模倣を超えて感覚の共有という共感に導かれる。さすれば場当たり的な報酬に惑わされることなく、自他の中に生じる相互作用を起こせる。そして人と人の間での和・縁・仁・友愛・合気に繋がっていくのである。

このように、見取り稽古を通してコミュニケーション能力の向上や適切な他者配慮にも寄与することを努々《ゆめゆめ》忘れてはならない。

さても見取り学への考察を進める中で、見取り稽古の目的とは以下の結論に達した。

見取り稽古とは、見取りを通して「自身に正しく問う」ことが出来るようになる学問にも値する。そして、その正しさとは何なのかを自身で明らかにするための手段でもある。ひいては他を見ることで自らの内外を観つつ、主体的に問うことで独りよがりを自浄していく行為となり、他との関係性構築にも極めて緊密に寄与する。

第2章

体を考える

～統一体のススメ

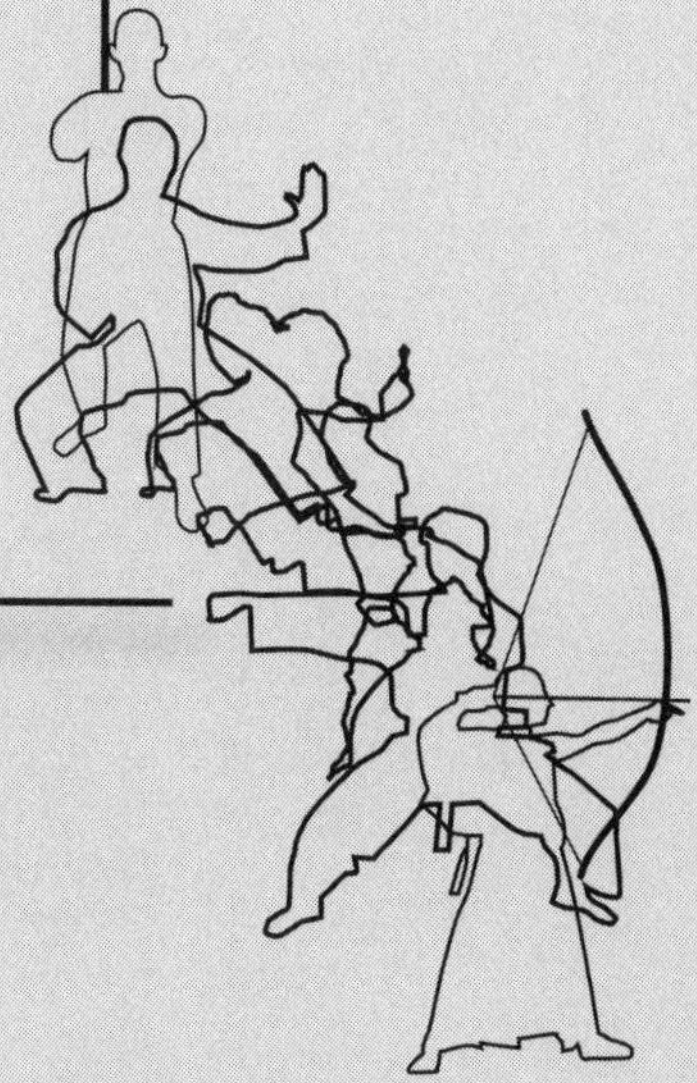

1 構造体という観点

見取り稽古にて、ただ単に眺めているだけでは何も得られない。特に「どのような形で動くか?」という外見上の動作抽出はほとんど意味をなさない。しかも見取りをただの稽古法に留めておくと、方法論の一部に堕してしまう可能性もある。

そこで見取り稽古においては、見る対象をどのような構造体としてイメージするかが重要である。もちろん人体に限らず有機的な生物は、全容が解明困難なほど複雑な構造を有している。しかし少しでも理解せんと、無意識のうちに本来の複雑さの次元を落として見ようとするのは自然のことでもある。その時のイメージする構造体によって、修練の度合いが大きく異なるので、例を挙げて説明したい。

本項目ではヒンジ構造体・楕円構造体・テンセグリティ構造体・不定形構造の4種類を提示する。それぞれに特性があるが、修練の進捗具合によってイメージも深化させていかねばならない。

◉ヒンジ構造体

これは初級レベルにおける最も初期の身体イメージである。各関節は蝶番のような回転構造で

ヒンジ構造体の人モデル

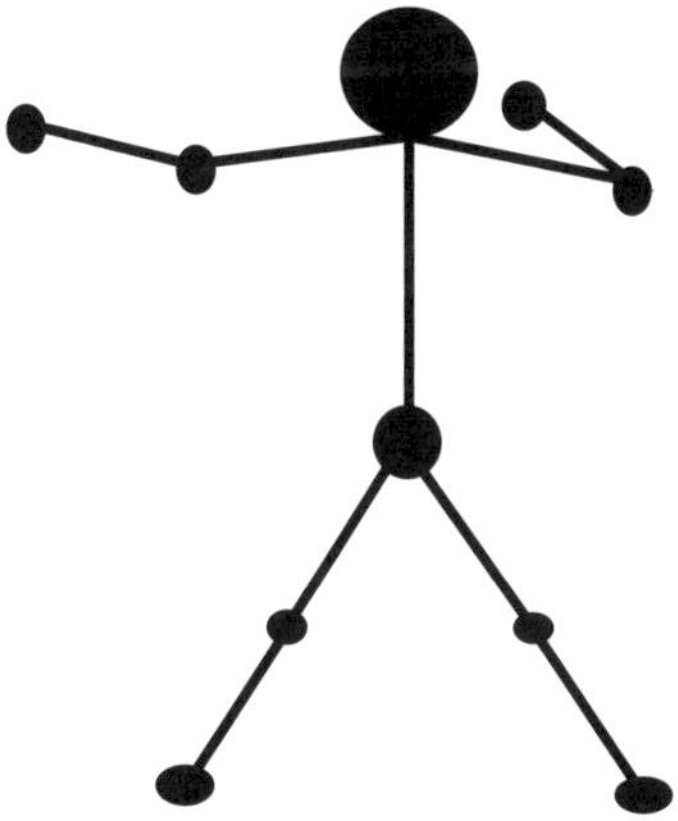

あり、そこに硬いシャフトが接続し回転する仕組みである（上掲図）。デフォルメの極致でもあり、当然のこと実際の筋骨格や関節とは一致しない箇所も多い。なお、シャフトが回転軸の中央から外れた位置に接続していれば、「クランク構造」としての機構になる。単純なため、初心者への説明においては多少の有用性がある。

確かに一見すると分かりやすいようなイメージだが、解剖学的な関節可動域や周辺組織の相互関係は全く考慮されない。そのため、あくまでこの構造は「部分」あるいは「部分の集合」でしかない。故に最も機械的なイメージであり、動きの表現はほとんどできず、原始的なポージングのみに留まる。しかも全ての接合部は独立して動いてしまうし、「ひねり」の表現が出来ないため浅薄な運動イメージに留まる。

楕円構造体の人モデル

残念なことに、弓道経験年数が長いにもかかわらず感覚追求が浅いと、このイメージのままであることが多いかもしれない。当然のこと、このままでは真の上達、術の習得には決して至らない。

◉楕円構造体

ヒンジ構造体の次にイメージしやすいのが、細長い楕円体を組み合わせた構造体である（上掲図）。これは初級〜中級レベルでのイメージであり、一般的にここまでのイメージは多くの人の中でなされているだろう。特徴として、各部分にて3次元空間を有していることである。空間が出来ると「空間の中での動き」を想定できるようになり、それに伴い時間（の流れ）をイメージする素地につながる。加えて、多少の「捻り」をイメージしやすくなる。

具体的には、外から見えない所での作用領域を想

テンセグリティ構造体の例。写真の模型はプラスティックの棒をゴムで引っ張り合わせることによって立体構造をなしている。

定できるようになる。つまり、部分に体積があることで、ヒンジ構造体の時よりは現実的な「動きにくさ（抵抗）」が存在するモデル構造といえる。特に連結部分がヒンジ構造体よりは良い意味で曖昧になるので、部分へのとらわれをある程度減弱できる。それでも各セクションはプラモデルのように分離して動き、全体との連動はない。

◉テンセグリティ構造体

本イメージは本来中級レベルにこそ求めたい。しかも武道を嗜む者としては、最低限ここまではイメージする必要があると考える。

テンセグリティ（tensegrity）とは、tension（張力）とintegrity（統合）からの造語であり、バックミンスター・フラーによって提唱されたモデル構造である。

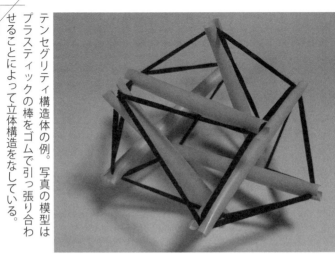

テンセグリティ構造体の人体イメージ

具体的には、工学分野にて直線的圧縮材の両端から張力材によってバランスを取ることで成立する構造のことである（前ページ写真）。特に、圧縮材同士は接触しないのが特徴である。建築界に限らずデザイン界、ヨガでも導入されている構造体イメージであり、ケネス・スネルソンは引張材と圧縮材からなるオブジェを「テンセグリティ」と呼称したことでも有名。

この構造モデルを人体に応用して、運動をイメージしていく（上掲図）。そもそも人体に限らず生物の物理学的構造は極めて複雑であり、全てを明確にイメージすることは自身の身体であっても不可能である。しかしながら、結果的にトラブルなく操作出来るという神秘さが生体にはある。テンセグリティ構造体では各セクションの分断がさらに曖昧となり、全体での連動や連関を可視的に具現したイメー

ライン創生は無限大

ジとなる。

イメージ強化に際し、まずは筋肉・腱・骨・線維などのきわめて多様な組織を、テンセグリティ構造体に近似したものとして捉える。最初は圧縮材を筋骨格に、張力材を腱や線維構造として見立て、モザイク状に増やしていく。そのようにして、複雑な生物構造をあくまで暫定的に理解する。

暫定的とはいえ、なぜ代用できるかというと、基本的に筋肉は縮む（引く）ことでしか力を発揮できず、関節を押し開くことはできないからである。そのため、張力によって支えられている構造体イメージが生体イメージに近似しているととらえても矛盾はない。

テンセグリティ構造体では、剛体と張体で構成された無数で網目状の構造体が1体を形成するイメージである。これは身体を一つの連続体としてイメージするため、からだの中から「部分」を消していく段階となる。その網目を利用し、力や意識の通り具合となるラインを無数に形成できる。そして作り出したラインから新たな感覚や身体操法を編み出していくことが可能となる。

徐々にイメージが作られていくと、硬い部分と骨が一致する箇所が少なくなる。そして次第にテンセグリティと人体を、部分レベルで一対一対応させるのは無意味であると気付くようになる。むしろ人体全体を、「剛体と軟体の複合体から成るテンセグリティのような構造体」としてとらえる方が自然になる。するとテンセグリティそのものも完成されたモデルではなく、複雑な生体を解釈する際に次元を落として示されたものと理解されよう。

よってテンセグリティとは、「全てが協調的で相補的に連関し、かつ柔らかで復原性のある機能性を有することでどこにも負担がかからない自然のネットワーク」であるととらえるのが望ましい。すなわち、ある箇所が動くときに全体がバランスを取るように連動して動き、それでいて部分への過負荷が生じないのである。

このような見方が根付くと、人体を部分の集合体ではなく、「全体の中の部分」あるいは「統一体としての全体そのもの」として理解する足場ができる。そしてイメージが深化するに及び、筋骨格レベル（マクロ）から細胞レベル（ミクロ）まで共通した構造体として認識できるようにしたい。

個人的にテンセグリティで満たされた感覚というのは、全身がスチールウールで構成されワシャワシャと音を立てて動くようなものである。そうすると、体内に新たな電線を通すかのよう

井桁術理

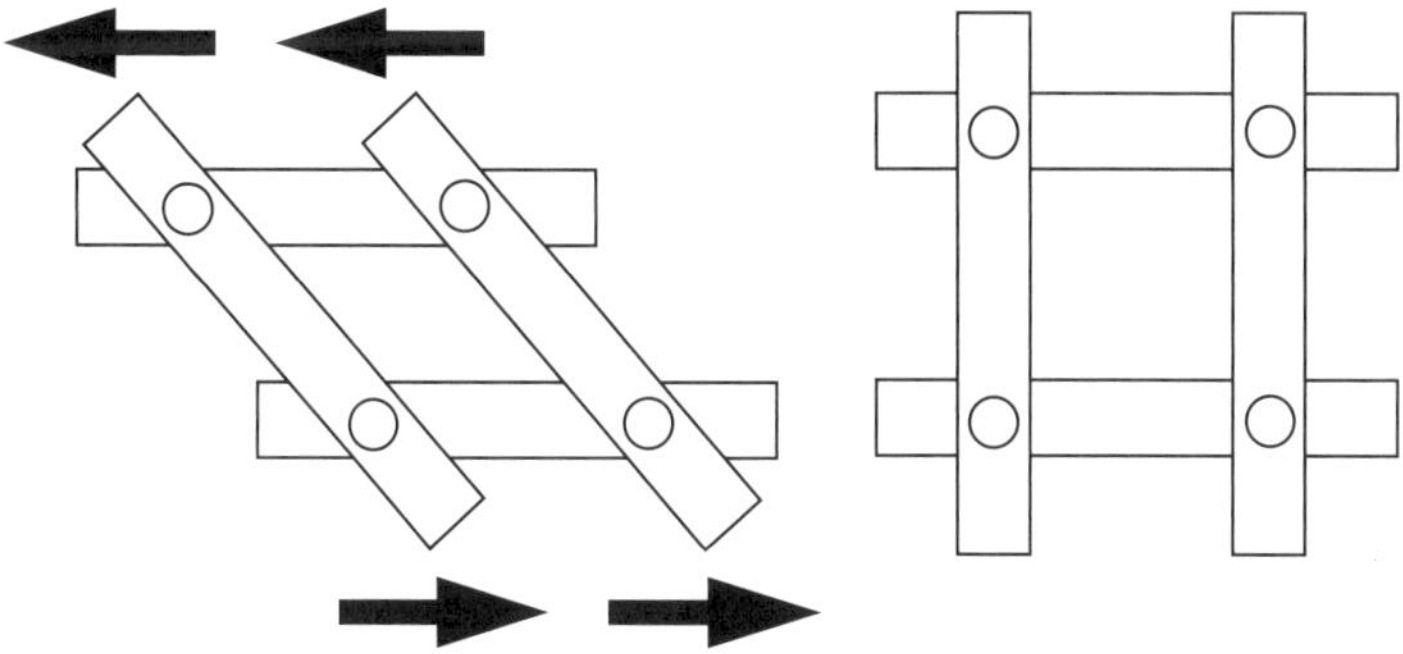

にして新しい動きや感覚が生じてくる。そして居着きにくい武術的な身体に生まれ変わる。

否、生まれ変わらなければならない。

この一線が素人と玄人の境になる。そのため越えようとしない者は、経験年数がいくら長くとも初級＋α者に留まってしまうことを自戒する必要がある。

以上のように複雑ではあるが、テンセグリティ構造体による生体イメージは、外連や奇抜なものではなく、既に諸分野で唱えられている。大乗弓道界のみが大きく遅れていると言ってもよい。

例えば理学療法界での「アナトミートレイン」を始めとして、古武術家の甲野善紀氏が壮年時代に提唱した「井桁術理（上掲図）」や、同術理を体術に応用された「井桁崩し」なども、ベースにはテンセグリティ構造体を前提とした生体イメージがあると考える。

その中でも「井桁術理」では、四角形が平行四辺形に移行することで多関節連動イメージを促してくれる。これは4つの固定されない支点が各々ヒンジ運動をして、傾く方向に力を集中していくものである。

特に「井桁崩し」では、外見上は剛体同士のヒンジ構造体で表現されてはいるが、内実には明らかなテンセグリティ構造体のイメージが入っている。体内に無数に存在する井桁は、固定した支点を作らずに複数個所が連動して同時に動き、次第に一つの大きな井桁に集約するようなイメージを促している。よって「井桁術理」自体も、甲野氏が未熟な学習者のために次元を2つも落としてくれている理だと解釈できる。

弓術においても、古流を解釈する際に少なくともテンセグリティ構造体での観点が必要となる。例えば、道雪派の江上清氏は著書にて「胸開き」を強調している。特に肩・肘・拳（さらに腰も）が、互いに誘いあわせて開くことこそ重要であると繰り返し述べている。これはまさに部分の運動ではなく、連動を可能にする身体構造がイメージできていないと、全く解釈できないだろう。

◉不定形構造（アメーバ様）

不定形構造は、上級レベル以上に求められる生体イメージである（次ページ図）。前述のテン

アメーバ様の不定形構造例

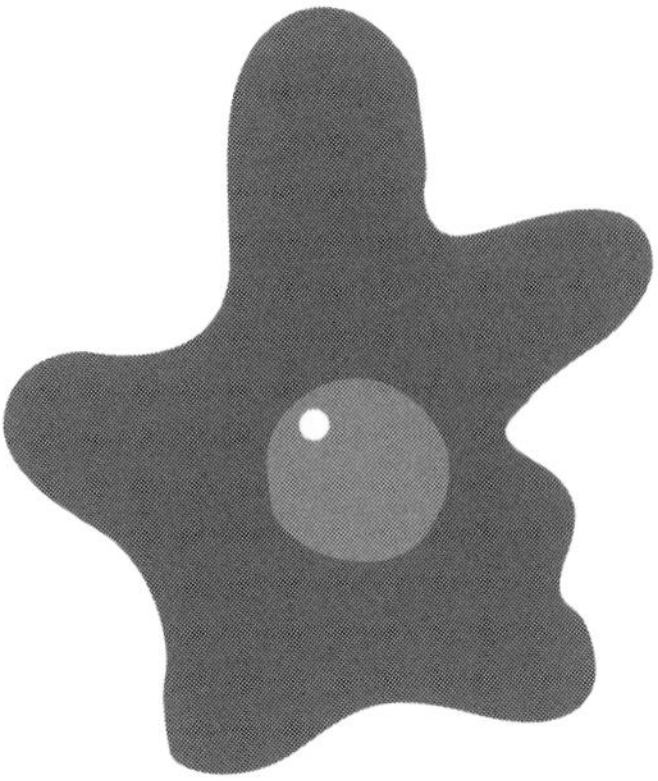

セグリティ構造体を無限に増やして深化発展させると、不定形構造（以下アメーバと呼称）に至る。外見上の「手」「足」などと称されていた部分はなくなり、全体が統一した個体として存在し、まるで「水」のように動くイメージとなる。

この段階に至って、生体を一つのアメーバとして観るか、もしくはアメーバの集合体として観るかの疑問が生じる。どちらも是であるが、いずれも無機質なテンセグリティ構造体以下とは異なり、生体をあくまで生気論的に認識することが求められる。

そしていかにアメーバとはいえ、完全に自由というわけではなく、少しだけ制限がある。むしろ完全に自由であると、かえって動けないことに身体が気付けた方がよい。自由でありながらも、恒常的な秩序の中にいる方が活きるのである。この秩序のことを狭義の「型」といってもよいかもしれない。

アメーバならば、まず少なくとも自重に潰されない程度に、重力には最低限抗している。むしろ重力に潰れされるギリギリまでの柔らかさを求めてよい。その際には「ぐにゃ」「にゅる」などの音のイメージも借りることで、高岡英夫氏がよく提唱するように「言霊」の効力も期待できる。同様に生体心理学者の佐々木正人氏は、重力に限らず「環境」の中で安定している枠組み（地面など）を探り、そこに位置を定めることが「姿勢」であるとし、その姿勢は「重力への定位」であり生の営みの根本であると述べている。

つまり現実として、身体は平衡感覚と抗重力への機構をもってして、感覚的には地面と一つとなって連動している。ここを見取り、自身の実践に活かさねばならない。

加えて宮本武蔵も「漆膠《しっこう》の身」を説いている。漆膠とは、身体を相手に付けて離れないようにするイメージである。例えば敵の間合いに入る時も、頭や体幹、足なども相手にへばり付くようにして離れない。常人では、顔や足は速く入っても、体は遠退きがちになる。そうならないよう、敵の身体に自分の身体をしっかりと付けて、自他の間に隙間がないように心掛けよとの謂いである。

これらなどは当然のこと、部分のみの操作では成しえない。しかもテンセグリティ構造体のイメージだけでも不足する。やはり生体としてアメーバ様の身体イメージがないと理解に及ばない。

以上のような各構造体のイメージは個々人の中で異なっていてよい。そのため自分だけでなく師や同僚、教え子らがどのような構造体イメージを持っているのかを確認し、すり合わせていくのも重要である。特に師との共通認識を持つのは、たとえ分からなくとも不可欠である。

2 からだを考える

現代では、身体と心は分けて存在する考え方が一般的である。

これはデカルトの心身二元論が由来と考えられるが、武術修練においては弊害が多い。そもそも西洋的思考法は、「客観的に正しいかどうか」が正否の判断基準になっている。それを基に「分類」を経て、「科学」に通じてきた。しかし、この観点は事理の一側面でしかない。

本邦の大和言葉では元来、肉体と心は分けず「み」と表現し、後に漢語の「身」が充てられた。そして室町時代以降になって、「からだ」という概念が生まれた。さらに維新後、西洋的な心身二元論が流入し、物質的なカラダの客体化が始まった。するとカラダは部品の集合体であるかのようなイメージとなった。その流れがスポーツや筋肉トレーニング、体操などの流行の発端となり、「客観的なカラダを主観的に鍛える」という観点が生まれてしまったのである。

〔本項では、「からだ」とは肉体と心（魂）が統一された旧来の身（み）を示す。他方、「カラダ」

とは心身二元論内の物理的で可視的肉体、即ち心（魂）とは分離された物体を指称することとする。」

体・身・心のイメージ

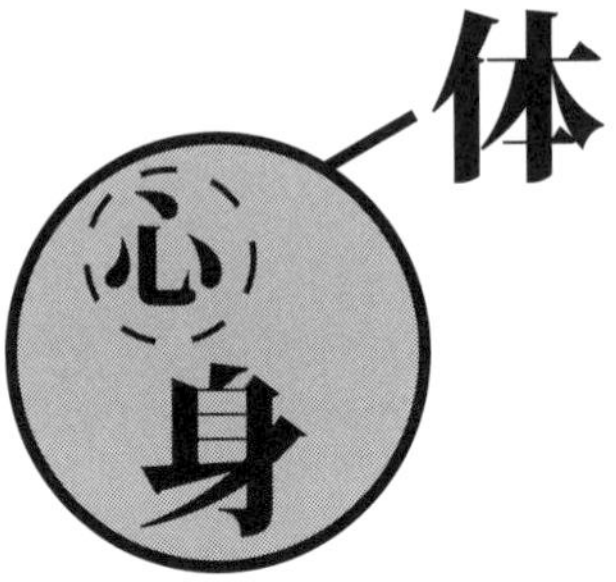

そもそも、からだへの認識は単純ではない。特に日本語には「からだ・カラダ」についての表現が複数ある。漢字例を挙げるだけでも、「身」「体（體）」「躰」「軀」「體」などがあり、各々意味合いが異なる。一般的によく使われるのは「身」と「体」であろう。

「身」は字義的に孕んだ女の形を表す。中身の詰まったイメージであり、感覚的に「実《み》」に通じ、旧来は魂も含む。一方、「体（體）」は字義的に切り離された肢体のひとつひとつを示し、もともとは魂の抜けた死体・骸を意味する。

合わせて「身体」という語は、感覚的に内と外を含むからだを表すと考える。

この内と外を分けずに用い、かつ心も分離させない観点が重要である。一方で、中身が詰まっている「現代の身」については、イメージがしやすいためか、意識の方向性として偏る。

つまり現在のカラダを鍛えるとは、「こころの存在を無視し、中身の物理的実体である随意筋を太くする」というような、部品強化のことになってしまった。

一方で、最近では「筋肉を硬くしてはいけない」とのコンセンサスもみられつつある。そのために対症療法的なストレッチやマッサージという対応が日々生まれ続けている。

しかし、いくら対症療法が優れていても、誤った鍛え方をしていれば破綻は常に紙一重である。特に非才な筆者としては、最初から対症療法が必要とならないような鍛錬を目指したい。

そのためにも現代の心身二元論的なカラダではなく、機能性に富んでいた旧来の身である「からだ」を求めなければならない。

そこで、「からだ」という韻に注目することでヒントが得られると考える。体は「殻《から》だ、空《から》だ」に通じ、中が空洞のイメージを彷彿とさせる。特に骸《むくろ》は魂の抜けた殻というイメージに近い。そこで内部の身に対し、体は外形部分ともいえる（前ページ図参照）。

では二元論として身体と心が分かれるか否かは、時代や地域により考え方は様々であり、本書の主旨ではないので言及は控える。個人的にはメルロ＝ポンティの「間身体性」や「肉」の概念に一部共感している。

なお、西洋医学の分野でも「心身症」という病態がある。

心身症とは、「身体症状・身体疾患において、その発症や経過に心理社会的因子が密接に関与し、器質的・機能的障害が認められる病態」と定義される。例えば、消化性潰瘍や片頭痛などの疾患が該当する。つまり心が病めば肉体も病む、肉体を病めば心も病む関係性を示す一端である。

3 皮膚から動く

筆者は「殻」としての体への認識から、身体感覚の深化を目指せると考えている。

まず、意識的にカラダを動かそうとするとき、ある程度の解剖学的知識を持つ現代人は、疑いもなく筋肉を動かそうとする。それが居着いた死に体であると気付いた者は、骨を動かそうとする。しかし筋肉も骨も身の一部分であり、全体の機能を発揮しているとは言えない。

つまり現代の大乗的な弓道でも骨法の重要性を説いてはいるが、骨遣いは中級初期の項目である。

これは『射法訓』での「骨を射る」の解釈にも関わる。

畢竟、骨を射るとは、解剖学的な骨（あるいは骨格）を部品のような機構として扱うことではない。故事における「骨」とは、筋肉や意識以外のものも使い、型を通して術のコツ（骨）や骨子をからだが見出し、自分に合った自分だけの動き・感覚を追求すべきという象徴であると考える。

さらに追求すると、肉体の外層（皮膚に近似）にて満ち動く感覚のレベルがある。そして筆者は到達できていないが、ついには外層を忘れ、渾然一体となる境地があると考えている。

また、一般的に「筋肉は腱で繋がっている骨を動かす」という先入観があるかもしれないが、解剖学的には一概ではない。例えば皮筋という筋肉も存在する。これは筋肉を所在で分類したときに、骨や筋肉から起こり、もう一方の筋肉の端が皮膚と繋がっているものであり、表情筋や広頸筋などが該当する。さらに毛穴にも立毛筋という皮膚に存在する筋肉がある。

加えて、放散痛という現象もある。これは神経分布により、痛む場所と原疾患場所が一致しないものである。例えば、心臓の痛みが肩や背中に現れるものがある。つまり解剖学的には皮膚は内臓と分化しているが、体感的には明瞭に区別出来ないという一例である。

このように動作は骨と筋肉のみで生じるというのは、ただの先入観に過ぎない。人間（動物）は、いわゆるロボットのようなクランク構造の集合体ではない。そもそも発生学的に、脳神経系と皮膚は同じ外胚葉という組織から分化する。即ち皮膚もただの境界膜ではなく、重要な感覚器官であり、かつ動作要素に十分なりうることを体感せねばならない。

特に皮膚からの刺激によって、動きや柔軟性が変化する小乗的体験が必要である。卑近な例では拙著『弓道と身体』（ＢＡＢジャパン刊）でも述べたが、素足にて稽古をすることで無用な力みを自覚し、射質が変わる現象は無視できない。

この点に関連して、「やわらぎ」提唱者である総合格闘技家の平直行氏が述べる「人工芝を用いた足底からの微刺激にて全身の柔軟性が向上する事象」も興味深い。そのため、しばしば自身の巻藁稽古にも応用している。いずれも皮膚の刺激から全身の動き・感覚が変わるという体験は重要であり、実践価値が高い。

それに関連して、太極拳では、相手に体の一部を触れた状態で、接触点などを通して相手の動きを察知する術（聴勁《ちょうけい》）がある。これは両者が手を触れた状態で稽古する推手《すいしゅ》などから、その感覚を養成する。この聴勁ができてこそ、相手の攻撃力を受流して重心を不安定にし、無力化する身法（化勁《かけい》）にも繋がる。この聴勁や化勁に類似したものは本邦の古流剣術などでもみられる。

最近では視覚障害者のパラ柔道でも、聴勁に類した感覚を要すると思われる。パラ柔道では組んだ状態から開始するため、視覚に頼らず、正に皮膚感覚から相手の意図や動きを察知する必要があるからだ。

さらにロルファーで身体論者の藤本靖氏も、皮膚を通して筋膜の連鎖を活性化させることを提唱している。

以上の様に、諸分野で皮膚感覚を通した修練の重要性が指摘されている。よって弓道だけが聴勁不要であるはずがなく、各人で行射以外の修練方法を模索する必要がある。

しかしながら、対人競技でない弓道では、聴勁の稽古場面は皆無に近い。そのため、むしろ指導の場面でこそ求められるだろう。指導をする際に相手の任意の場所に触れながら、意図や動作の是非を判断し、的確な指導に繋げるのである。

それでも昨今では、身体接触自体がセクハラ対象になりかねないため、細心にも細心の注意と互いのコンセンサスが必要である。もしくは「弦取り」という指導方法が聴勁の発揮場所になるだろう。しかしながら、弦取りをする側に卓越した感性と技術が要されることは言うまでもない……。

余談であるが、参考までに竹林派の『四巻の書』には「皮肉骨の事」というのがある。これは達磨禅師の故事に由来した、上達の深度を皮肉骨の段階で表現しているものと考える。(髄を含めることもある。)

かつて達磨大師は四人の弟子たちに対し、「我が皮を得たり」「我が肉を得たり」「我が骨を得たり」「我が髄を得たり」と評価した。骨や髄は要点の喩えとして「物事の本質の理解」を意味する。つまり表層である皮の段階は未熟を意味するが、これは皮自体が悪いのではない。表記にのみ流されると誤解につながりかねないので注意を要する。

そもそも皮肉骨は弓術のみにおける表現ではない。平安時代以降、芸道における一般的な表現方法であった。例えば歌論面では藤原定家（伝）著の『愚秘抄』（1314年頃）や、芸道面では世阿弥著の『至花道書』（1420年）にも類似した記載がある。

これらは日本文化の根底に禅的思考の潮流があり、「皮肉骨（髄）」はそのひとつの表現方法であると考えられる。

4 統一体のススメ

人一人が各々独立した一個体であることは、ほとんどの者が認めることだと思う。しかしヒトの場合、元は一つの細胞（受精卵）から始まり、細胞分裂を繰り返して器官に分化し、体は約37兆個の細胞群から構成される。すなわち、人体は37兆のアメーバから構成され、それぞれが役割に応じて機能を特化したといえる。

人体を統一体として機能させるとは、それぞれのアメーバが個々の機能を最大限発揮することを目指すことである。しかし、これは到底、意識では統制できない。

個々ではなく「全体」を機能させる「統一体」は、多分に小乗的である。なぜなら全て本人の感覚に委ねられるからだ。ここで万言を尽くしても表現できず、まさに禅語の「冷暖自知」なのだが、そのきっかけだけでも述べたい。

まず、統一体の反対である「部分体」の認識に限界があることを体験する必要がある。

そこで、まずは自由に肩を動かしてみてほしい。

その際によほどの運動器障害がなければ、「自分の肩」を認識し動かすことが出来るであろう。

この時、カラダの部分を認識し、「自分が肩を動かしている」と感じている。

ではその肩は何処にあるのか、また動きの本当の基点には何があるのかを改めて探ってみる。

このように感覚を深化させていくと不思議なことが起こる。

実は一言で「肩を動かす」といっても、各人でイメージが異なる。

そもそも、どこからどこまでが厳密な肩なのかが不明瞭である。もちろん、当該部分は解剖学的に「肩関節」という分類がされている。しかし、その分類は人類が自然に対して人工的な組織学をもとに行ったものであり、実態に境はない。例えるならば、宇宙ステーションからは陸地の国境が見えないのと同様である。

そこで「肩はどこか?肩に何があるのか?」と感覚を鋭敏にしていくと、中の感覚が漠然となり、皮膚などの外層のみの感覚になる。この感覚が体（殻だ、空だ）への発端となる。

さらに感覚を最大限に鋭敏にして「力の起点」を追求していくと、筋肉や骨の認識から拡がり、やがて肩関節全体に及ぶ。そして、からだ全体が海綿状の朦朧体《もうろうたい》となり、ついには中身が「ない」状態を体感する。

中身を詰めない殻である体から動きが生まれる妙を実感していくと、重い物を持っても、さほど疲労を感じなくなる。往年の鎧武者が、重い甲冑を着ながらも戦場を疾駆出来ていたことも理解できる。

逆に中身を詰めてしまうと、いわゆる筋肉頼りとなり、動きは硬くなる。さすれば当然、怪我をしやすくなる。さらに中の道が塞がれると、気（あるいは意）が通らないために進化を妨げられる。逆に中を空にできれば気を通し、満たせる余地が生じ、こころも動ける。このように、からだが真に動くのは、カラダを忘れ、空っぽになったときなのだとつくづく思える。

さらに殻の感覚での歩行も修練の中で重要な項目となる。明治以降、日本人の常識となってしまった腕を振って、地面を蹴るような歩き方はカラダに負担がかかり、終始居着いている。

からだを空にして浮かせ、大腿の骨を腹腔側へ抜くような感覚にて、後ろ足を蹴らずに心窩部（水月）に引き寄せることで十分に歩ける。その際、足底は小趾側から着地し、踵はあまり付かずに母趾先で離れる。すると蹴らない分、動きは少なく、負担も少ない。何よりつまずきにくく、足音も小さくなる。

弓術修練でも、中を空にした状態での稽古が重要である。動きの少ない行射内の身体操法では、どうしても筋力に頼りがちである。まずは身体のイメージを転換し、体を重くあるいは軽く遣う感覚を追求する。その際、閉眼しながらの素引き稽古も有用である（注意：矢は番えず、周囲の安全を確認し、各道場のルールを順守すること）。閉眼することで、内への感覚が鋭敏になることは容易に体験できる。さすれば半眼とは、からだへの集注に必要なのだと帰納的に理解できる。

そのような観点で昔の浮世絵などを見ると、昔の人には日常から半眼が多かったのではと気付く。逆に現代は見開き過ぎといえる。おそらく昭和以降、画面媒体の普及から、「目から情報を得て、感覚を探る」ことが主となり、体内の感覚に対しては鈍感になっていると考える。または切れ目よりも、パッチリ目の方が美しいという美的感覚の変遷流行にも因るのかもしれない。

以上のように、殻の感覚を知らないと、無意識に中身を詰めるような感覚や動きを目指してしまいがちになる。例えば、最近流行しているインナーマッスル・体幹トレーニングなどもリハビリテーションとしては有用だが、意識的に部分を鍛えてしまえば、武術修練にとっての効果は極めて限局的である。むしろ弊害にすらなるかもしれない。からだを「部分」の集合として扱っていては、時代の流れとともに限界を迎え、流行のように別の部分にターゲットが流れるだけであろう。

一方で伝統的な武道稽古には、インナーマッスル・体幹トレーニングに類似したものも含まれている。四股などはその典型例である。今後は、むしろ内にこだわらず、筋肉より外（皮膚）の重要性も検討されていく時代になるかもしれない。

最後に、からだやカラダを考え、感じていくことは即ち、自分自身を見つめていくことだと主張したい。そのために、まず外層の機能を知り、中身を詰めない統一体に近付く必要がある。

そして、部分の集合ではなく一つの統一体としてのヒトを体験する。さすれば全体が部分を支配し、最終的に個人は宇宙という大きな統一体に内包されるのだという大局的な感覚へ通じていくに違いない。

第3章

見取りの方針

~何をどう見るか?

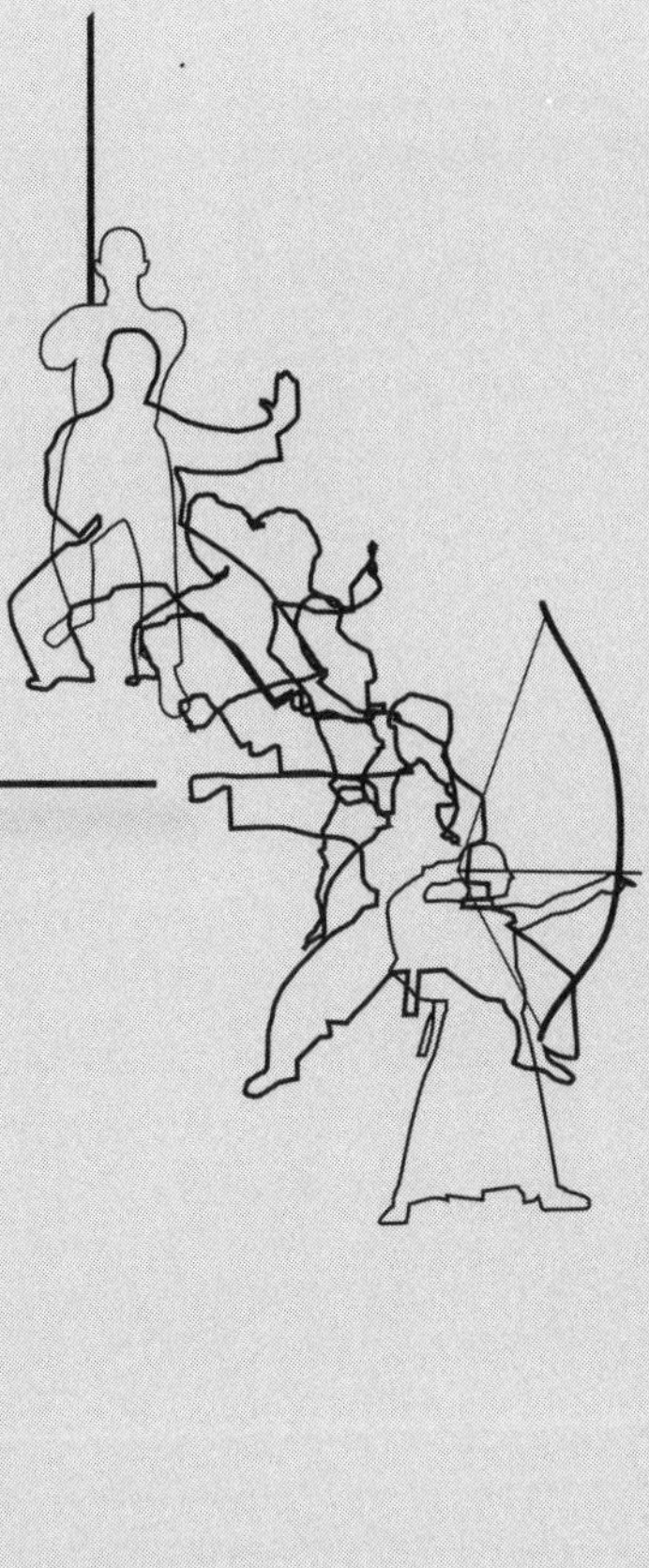

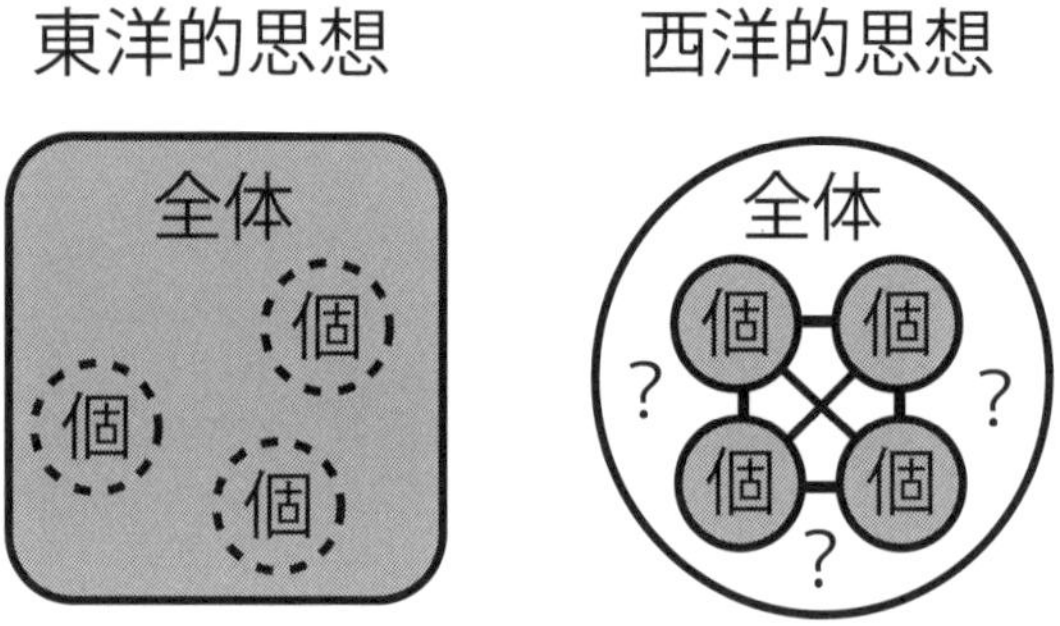

1 構造体イメージ間に必要な思想転換

前章でヒンジ構造体から不定形構造まで4段階を想定したが、イメージの深化はスムーズでない場合もある。特に楕円構造体とテンセグリティ構造体の間には大きな乖離がある。

ヒンジ構造体や楕円構造体では、「全体は部分の集合」というイメージであるので、各部分同士の連関は表面的で希薄といえる。これは多分に西洋的思想に近似する。この状態での「部分」には、他と連関するためのさらに小さな「部分」を求め続ける悪循環となる。これは一見すると良いことのように思えるが、木を見て森を見ずのピットホールに嵌りやすい。さらに「分からない所には何もない」という判断に至ることもあり、「部分」の独立性が誤った方向に強化されてしまいかねない。

一方、テンセグリティ構造体や不定形構造（アメーバ）では、「全体の中に部分が含まれる」イメージである。端的に言えば、部分の交換はできない構造である。そのため各部分同士の連関は極めて濃厚かつ分離不能であり、東洋的思想に近似する。この状態下では、「部分」の独立性は問われない。むしろ全体の中に溶けている部分なので、独立性を問う必要性すらない。

以上のように、楕円構造体からテンセグリティ構造体においては、段階的なステップアップではなく思想が根こそぎ覆されるほどの大転換を要する。この一段を上ること自体が、身体操作において一大革命足りえるため、よくよくの吟味と覚悟を要する。

もし革命が起きたのであれば、「何となく分かる」といった半端な理解ではなく、「これに間違いない」という確信に至る。もちろん、その確信はさらなるイメージ深化により省察を繰り返すのであるが、次なる「これに間違いない」に至り続けることが、真の修練である。

2　動きの質を洞察する

速さ以外の観点からも見られる「違い」についても、予め洞察しておくと見取りをより深められる。

① 動きの柔らかさ

身体の構造体イメージを深めると、動きの質からも多くの洞察が可能となる。ここでは特に観察対象者本人が有しているイメージよりも、観察者自身のイメージレベルによって見取れる深さが異なってくることにも注目したい。

例えば動きの「柔らかさ」などの重要性は、衆人が肯ずることであるが、果たして柔らかさとは何なのか？

当然のこと、動きの柔らかさはストレッチなどから得られる関節可動域の拡大とは必ずしも一致しない。いわゆる体の硬い達人というのも、少なからずいる。もちろんケガ防止の観点などからは、関節可動域が大きい方が良いだろうが、それだけでは武術的意義を保証されない。真の柔らかさには、やはりテンセグリティ構造体以上のレベルでの操作が必要となる。

ヒンジ構造体や楕円構造体での実施は、硬さが残るどころかつきまとう感じでもある。確かに、慣れによってある方向性にだけは見かけ上スムーズになることはあっても、それでは応用が利かない。逆に全身を一つとし、部分を排したテンセグリティ構造体やアメーバ構造であれば、「伸び」「延べ」「反跳」「撓《たわ》み」などが一律なものとして理解されよう。つまりは部分の操作ではなく、一つの動きがより多くの構成要素と連動の中で生じているように本人も感じるし、見取れもする。

さらに見取りを深めると、２つ３つ先の動作成分を捉えつつ動くことが柔らかさの正体とも看破できるかもしれない。そもそも動作には、分割写真のような「動作の切れ目」というのは本来存在しない。分割とは見ている側が理解しやすいように勝手に切り分けているだけであり、それを細かく繋げても真の柔らかさは生まれないのである。

そのため実施者としては、どこで切り取られても同じ身体性であり続けることが柔らかさの本質といえる。見取る側としても、無理やり切れ目を見出すのではなく、端から「一連・流れ」「無節」「一拍子・無拍子」「一調子・無調子」であることを前提とした視座を持つことが求められる。面白いことに、見取りをする自分自身が切れ目のない構造体イメージを有していれば、自然と切れ目なく見取れるようにもなる。

② 意識と動作

観察対象者自身の意識と動作の関連についても、ある程度の察知が可能である。見取りの中で柔らかく滑らかな動きに対して、カクカクするような動きを見取ることもあるだろう。では、このカクカクとは何なのか？

これは①で述べた柔らかさの欠如でもあるのだが、実施者本人の動作と身体の構造体イメージとの関連に原因がある。もし修練初期であれば、動作を「部分動作の連続」とし、一つずつこなす中で段階的・律動的動作が生じてしまう。逆に、動作に対する「全体像」をイメージできている場合は、柔らかさだけではない一律性や統合性を感じ取れるかもしれない。

例えば、構えで足の位置や腕の形を型通りに踏襲しようとすると、当然のことカクカクする。組み手や型稽古でも、動きのトレースだけを目的とすると、覚えきっていない所で思い出すように動くので、やはりカクカクする。

一方で、「大木のように立つ」「水流のように動く」「大石を抱くように構える」などのイメージを有して動くと、未熟なレベルであってもカクカクは減る。このように比喩的な表現で動作を深化向上させるものを「わざ言語」という。そのため、実施者本人はもちろんのこと、見取る側にも比喩的な表現にて見取る態度も重要となってくる。

つまり、見取る際に「腕がこうなって……足先があぁなって……」というようになってはいけないのである。全体のイメージを表現できる例えを当てはめることで、自らが実践するときにも活きてくる。

ちなみに、わざ言語は伝書や教歌をはじめとして、武術書でも用いられることがある。そこで、なぜわざ言語のような手法が必要になるかというと、そもそも動作というのは細かく主体的にコントロールすることが不可能であるからだ。脳内でも動き自体のイメージは案外に粗雑なものであり、小脳や錐体外路系によって「自動的」に調整されている。だから考えながら細かく動こうとすること自体が、実はかなり不自然なのである。つまり意識的な動作を積み重ねただけでは、たとえ速さでごまかしても深化には至らない。

そのため、あるレベル以上では、動きそのものは大まかなイメージするだけに留め、あとは勝手にからだが調整してくれるのを期待するだけでよい。これも「自然法爾」の境地であり、主観的には任せている感覚に近くなる。例えば、弓道の小笠原流教歌などにも「風もなく空に煙の立ちのぼる　心の如くうちあげよかし」とあり、作為や意図の出しゃばりを諫めている。

そして一律性や統合性を察知できるようになれば、達人たちが述べる「淀《よど》みやムラのない動き」「全身が協調した動き」「無駄のない動き」というのが、全て同じであることに気付くに違いない。

③ 負荷の見極め

見かけ上、いかに柔らかくてスムーズな動きであっても、自身や道具に過度な負荷がかかってしまっては元の木阿弥である。基本的に真のスムーズさがあるなら、「無理のない動き」として負荷はほぼないはずだ。しかし修錬途中だと、部分的なスムーズに終始し、連続できない所での負担が生じかねない。

そのため自他の見取りにおいて負荷を感じ取らねばならないのだが、これは自身の力み排除とも共通し、要求される見取りレベルとしての深度はかなり深くなる。

逆に、例えば関節技をキメた時またはキメられた時などで、「これ以上やったら折れるな」というのと同様の感覚ならば、自身のからだに訊くまでもない。一方で、全員が柔道の三船久蔵十段の「空気投げ」のようなことができるわけでも、受けられるわけでもない。それゆえに、負荷を客観的に評価するのは甚だ困難なのである。

そこで最初の段階では、稽古後のからだの疲れ具合や、道具の疲弊具合を察知することから始まる。そのため、その日の稽古が始まる前に「今日はこういうイメージで動こう」などと、予めイメージを整えておく必要がある。その上での評価を続け、自身が目指すものを探り続けていく。筆者の場合は、弓矢を始めとした繊細な道具を用いた稽古が多いため、自然に道具から学ぶことがかなり多い。具体的には、稽古使用による弓力の落ち具合や矢飛びの鈍さ、弽(かけ)(右手に着ける手袋)の擦れ具合などからヒントを得て、改めてイメージを整えながら次の発想を固めていくのである。さらには弓の形状変化からも自身の癖を客観的に学んでいる。

このようにして、自身のからだや道具の具合から「勝手に動く動作の抽出」と「連動性向上」の追求を続けていく。すると「一気」的な動きのように、始めと終わりがある動きは疲れやすく、負荷も大きいと気付くようになる。こうした深化を伴う修練の先には、終始の分からない動きが生じ、次第に柔らかさを超えた「ヌルヌル感」として見取れるようになるかもしれない。

3 道場場面での見取り

4つの構造体イメージを順次深め、観察眼は確実に深まってくると、具体的にどのような点に注目できるようになるのか、例を挙げていきたい。

ポイントとしては、何がいい動きで、何が悪い動きなのか、という判断が自身の中で出来るようになることである。基本的には反面教師の抽出の方が多くなるだろうが、ここでもヒントは無限にあるという前提で、学びの機会を増やしていくことを期待したい。

まず、すべての武術やスポーツ、芸道観察で共通することは、一見して「不安定」と感じる動きにこそ学ぶべきところが隠れていることである。もちろん気圧されて崩れているのは論外だが、時として優位に攻めている方なのに、動作や姿勢が不安定に見えることがある。

この「良い不安定」とは居着きにくいことと相関するため、積極的に探していきたい。逆に、不安に駆られて固めるような動作や姿勢というのは、固着と同義である。むしろ機能的な安定を求め続けられる不安定こそ、目指すべき姿と考えてもよいだろう。

また客観的に「カッコいい」という瞬間はない方がよい。もしくは、あってもごくわずかである。そのような瞬間とは、狙われれば全て隙であり、居着きの特異点であることが多い。だから、劇などの演出目的以外として存在してはならない。合気道などで見られるように、技がいつ始まりいつキマったかなどが傍からは見取りにくいのが理想的である。

加えて、武術家の黒田鉄山氏も述べられていたことだが、「音を立てない」動作というのも重要である。バンバンと床を踏みつけたり、叩いたりするのは派手派手しいが、音が出る瞬間にエネルギーが自他の外に漏れているようなものである。もし演武等で、大きな音を発するような動作があるとしたら、半分は演技的なものと考えてもよい。

一方、テンセグリティ構造体やアメーバであれば、ヌルヌルとした動きとなる。その上で相手への打撃も波として浸透する形式となるため、他覚的な音は生じないことが多いと考える。ただし例外的に弓術における弦音（矢を放つ時に生じる弦自体の振動音）は、音の質自体が射の正否を判断する材料にもなる。また柔道での受け身時に畳を叩く音も、例外としてよい。

以上のように不安定の維持、音を立てないことなどを踏襲すると、「動きを速さでごまかしてはならない」ことに行きつく。

目的の動作が速ければ速いほど良いというのは、ごく表層的な解釈である。速さは慣れと同じで、無目的に繰り返すだけでもある程度の速さは得られる。しかし、それが武術的な意義と同義ではない。

残念なことに、速さの中では重要なことが飛ばされてしまいかねないのである。むしろ速いほどダメともいえる。種々の型稽古において、実践では使えないような遅さであることが多いが、実はそこにこそ意味がある。いわゆる表面的に「キマッた」「キマらない」だけではない身体操作の深奥に迫れるかが、型稽古では常に問われるのである。きちんと動くことが出来るようになれば、「必要なら速く動くこともできる」という感覚が生じてくるのが理想に近いだろう。

では速くではなく、ゆっくりやることの評価はどのようなものがあるか列挙したい。ただしこれは、単なる「手順確認」ではない。あくまでからだの深い所から、重要な要素を逃さずに術を展開できるかどうかがポイントになる。

A 丁寧である（◎）

速くもできる動きの始まりと終わりを点で止めることなく、流れを失わないように動き続けることである。特に動きの中に節を作らないようにして、かつ動きそのものをからだの表層的な力みではなく、より内側からの発動を探るような態度が求められる。

そのためカクカクとした動きではなく、油圧ポンプが内蔵されているかのように動けるのがよい。その様は過去・現在・未来が同時に存在するかのような印象を受けることもあるだろう。その上で、同じような動きの繰り返しであっても、少しずつ変化をつけてはトライ&エラーを繰り返し、徐々に修練を深化させていける。

B 力んでブレーキがかかっている（△）

例えば刀をゆっくり振り下ろそうとして、手先や前腕を硬く力んでブレーキをかけている動作をよく目にする。特に狭い空間での稽古を続けたような者に、それが見られる傾向がある印象だ。当然、これは丁寧とブレーキを勘違いしているダメな身体操作である。ブレーキをかけていることを本人が認識できていなければ、上達は全く見込めない。

ただしブレーキではなく動きに「張り」を持たせようとする力感ならば、希望が見える。先の刀であれば、振り下ろしつつ、腕の骨が体幹の中央部分に引き抜かれていく感覚があると、動きの質が各段に上がる。

闇雲なブレーキではなく、求められる動きに対して真反対の要素を見出すようなことができれば、ブレーキ的な要素にも意味が出てくる。その有効な要素は、次の動作成分となりえるかもしれないからだ。

これは少しずつ動いては止めるのを繰り返すようにして、結果的にスピードを下げているものである。映像を早送りすれば出来ているように見えるかもしれないが、実際は止まるごとに居着いているので、術の要素は一切ない。ゆっくり稽古しようとして多くの者が陥る動作である。一見して筋肉隆々な者において、この傾向が多い印象である。筋肉に力が入っているだけで、何かしらを達成している気になりやすいから、よくよくの注意を要する。

C ただ遅い（×）

武術修練において、若いうちや体が元気なうちは、速さでごまかせてしまうことを常々気を付けなければならない。この観点は武術に限らない。例えば筆者が敬愛するプロ野球三冠王の落合博満氏は、他の選手とは異なり、速い球ではなく遅い球で練習を重ねていたという。そのためバッティングピッチャーは苦労したそうだが、その慧眼さたるや脱帽である。

確かに速い球は細かい技術が無くても、力みとタイミングで打てることもあるのだろう。ボールが勝手にバットに当たってくれるようなものだ。

しかし落合氏はそれを良しとはせずに、ごまかしのきかない遅い球をしっかりとした術で打てるようにすることを重要視していたのである。筆者も武術を嗜む者として、多分に示唆を受けたエピソードである。

〈具体的な見取り例〉

では武術場面では、どのような観察が具体的に可能なのかを挙げてみよう。

筆者の武術歴は弓術がメインで、杖術や居合術がそれを補填強化するスタイルなので、自然とその3術に観察対象が集中するが、各人の修練内容に応用できる要素が多分にあると考えるので是非とも参考にして頂きたい。特に筆者の場合、「道具を遣う」という機会が、身体操作の深化を得るのに極めて重要であったため、その点についても後述する。

紙面の構成上、一部は分野別に述べているが、列挙した項目は全ての分野に通底していることを前提としたい。あくまで、どの場面で気付きやすいかという基準で列挙したので、予めご了承願いたい。

Ⅰ 道場の出入口にて

① 道場に入ってすぐに目上、格上の人を察知する

本来は道場に入る前から適度な緊張は切らせてはいけないのだが、入る時にはより一層注意を要する。入った瞬間、まずは目だけではなく、全身を使って周囲を探索する。目上や格上の人を

察知するのと同時に、「異変」がないかを確認する。そのようにすることで、場を掌握する能力の向上にも寄与する。ただし、挨拶を無視して嘗め回すように観察するのはただの変質者である。あくまでもさりげなく、一瞬で済ませることが肝要。

なお、道場内にある神棚への礼拝動作がこれらにとって代わることもある。

② 道場に入ってきた人の観察

自身が道場に入る時に注意するのと同様、他者が入ってきたときもヒビカン（後述）のポイントがある。道場に入ってきた直後から一人一人に挨拶するのは、決して悪くはないが、場の掌握には時間を要する。逆に、すぐに全体を見渡し全員に挨拶するような人が来ると、予め道場内に居た者の各々が自分に挨拶されたように感じることがある。

③ 下足の取り方

作法やマナーの批准とは別の視点にて、下足の扱い方からも学べるポイントが多い。そもそも下足の取り扱いは、心の「澄まし」の一端である。下足扱いが騒々しければ、展開する武も同様になる。そのため、下足を雑に扱う者からは学べないとしてもいいぐらいだ。

具体的な取り方として多く見られるダメな形が、両足（膝）が伸びきって腰から曲げるようにして、手先から下足を取るものである。これは居着きの最大特異点に値するだろう。

また当然のこと、「よっこらしょっと」の声が聴こえるような体の沈め方をするのもダメである。腰を曲げるのであれば、両膝を軽く曲げつつ尾骶骨を天に吊らせるようにするならばまだよい。

居着かずに下足を取るには、真っすぐに跪坐するか、片足を少し後ろに引いて腰を屈めずに上体を下ろすのが望ましい。

さらなる観点として、下足を持った手とは反対の手がどうなっているかも見取りたい。下足に手を伸ばそうとした途端に、反対の半身が居着く場合が多い。居合術での抜刀時のように全身を一枚に機能させることを忘れてはならない。

④ 全員の声を皮膚で聴く

道場での稽古中、誰の声を聴いているだろうか改めて考えてみる。もし師が話していれば、その声を聴くし、稽古相手の声を聴くこともあろう。それに加えて、周囲全体の声を聴いてみるのも感覚深化に効果がある。もちろん目の前の人の声を疎かにしてはならないが、マルチタスクのように同時に聴くのである。すると耳ではなく、皮膚で声を聴くような感覚が生じる。ただし、気分が悪くなるようなら無理をする必要はない。

⑤ 着替え、道具の用意

他者の着替えをマジマジと観察するのは変質的となってしまうが、その「様子」は参考になる。着替えが速くとも雑な者は、術も同様である。下手にゆっくりな者もまたいけない。適度な速度でかつ、油断なく、脱いだ物を散らかすこともなくコンパクトにまとめられる者は綿密な術を展開するのを期待してよい。

道具の用意も着替え同様に、雑な者は反面教師となる。丁寧に扱うのは当然だが、稽古でなくとも、道具の重心を外さず持てているかどうかは是非見て取りたい。道具の扱いについては、稽古場面よりもむしろ日常場面の方が大切である。

⑥ 神前礼拝

道場や武術の種類によって作法は様々である。また自由な宗教信仰の観点から、神前礼拝を強要しないこともコンセンサスを得られつつある。自身が行う時は油断なく敬虔な心持で取り組むのは当然だが、他者が個々別に行う様子を観察出来ればまたヒントを得られるかもしれない。

下足の扱いや着替え同様、神前礼拝が雑な者は観察に値しないことも少なくないだろう。例えば、手だけの拍手や、頭を垂れるだけの礼をしているような者は、術も末端有意なものであり反面教師に留まる可能性が高い。

神前礼拝とて油断なく、からだを統一体とし、からだの深奥からの動きを展開している者を見つけたら、他の動作も念入りに観察してほしい。

II 居合術

① 指先や手先から柄を「持ち」にいくのはダメ

体の末端から動いては、主観的には速く感じても、客観的にはかなり遅い。しかもその動作は容易に察知され、脇も空くので死に体であるといえる。そのため指先や手先が最後に動き始められるような体捌きこそ、求めなければならない。修練が浅くとも効果的に行われていれば、肘か

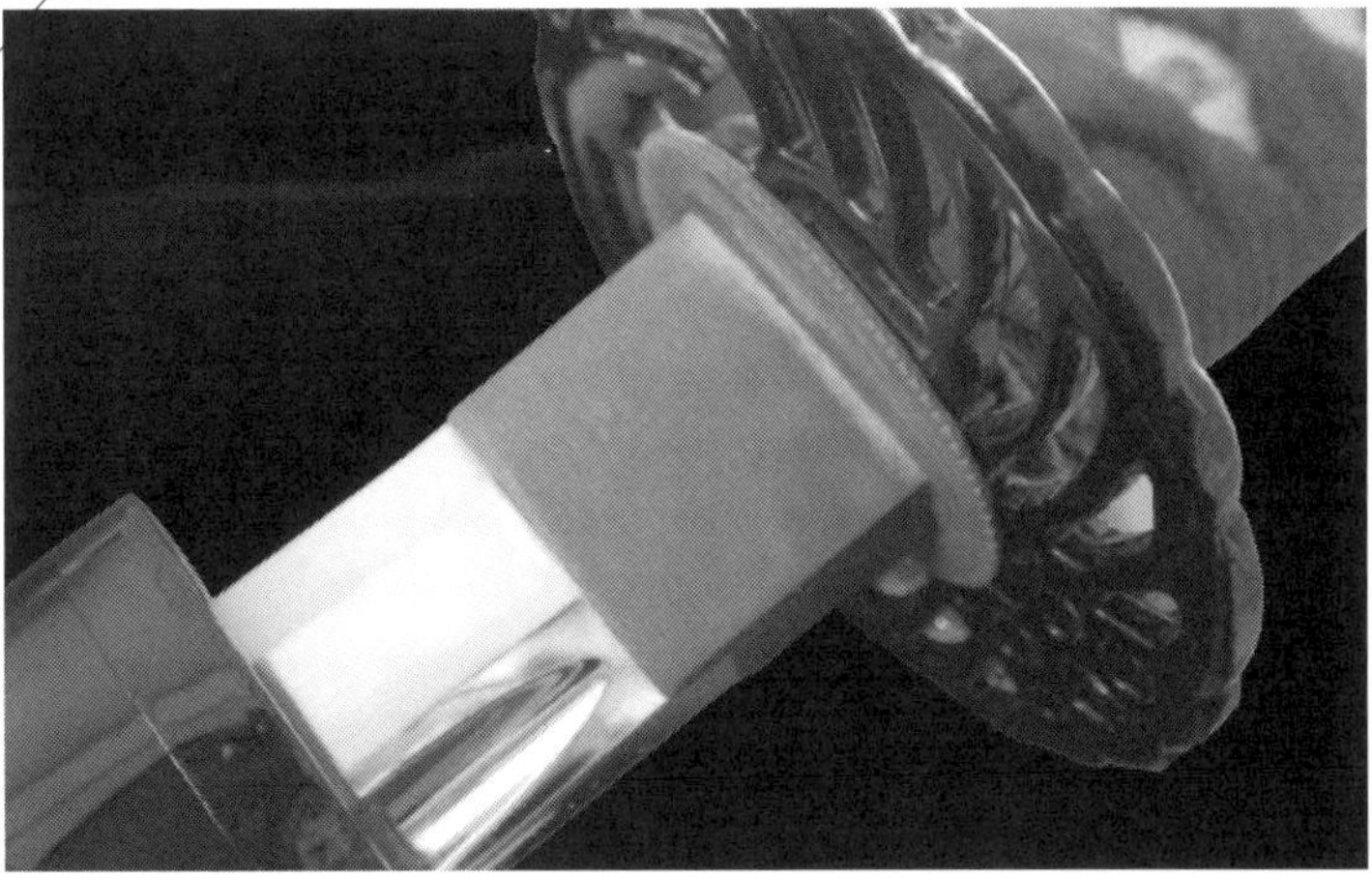

ら柄を取りにいくようになる。そして次第に肩から、腰からの動きになっていく。

② 胸の抜きについて

いくら手先や足先の捌きが速くても、所詮は末端のことである。傍から見れば速く抜くためにバタバタやっているようにしか見えない。しかも胸を張ってから刀を抜くので、抜刀の瞬間もはっきり見えてしまう。しかし体捌きが深化途上であっても、最低限「胸の抜き」に努めていれば、ゆっくり抜こうとしても抜く瞬間は見取られにくくなる。

当然、胸の抜きは息合いにも関与するが、まずは胸自体が張り出さないように努めたい。もし平素から胸を張り出さずに生活・稽古する人がいれば、その人に注目して観察すべきであろう。

③「つかむ」・「抜く」という2段階はダメ

抜刀時、刀を抜きながら、結果的に柄をつかむ動作が含まれていたという感覚が必要である。その動きの中では「つかむ」・「抜く」という2段階の感覚や意識は埋没している。つまり、つかむことは忘れなければならない。

これに関連して「抜く」と「振る(突く)」の段階が分かれているのも同様にダメである。これでは、刀を抜くことが技のハイライトになってしまい、その後は残心に満たない懶惰《らんだ》な時間が流れるだけである。

④前腕外側が張っているのはダメ

手先や指先で不必要に握っていると、前腕の外側（撓側・拇指側）が盛り上がるように張り出す。この状態では、いくら力を入れても有効な体捌きにはつながらない。

一方で拇指と中指を中心に握る感覚では、指先が柄に引っかかっているだけの感じとなる。それが出来れば示指（人差し指）や環指（薬指）、小指は反っていてもよい。すると重い振り棒を連続して振っても疲れない握りになる（次ページ参照）。

この持ち方は刀や杖に限らず、武具全体にも共通して応用できる。もし示指・環指・小指が道具から離れている持ち方をしている人がいたら、観察を密にしたい。

振り棒連続振り

全身を統一体として中指ラインを通せば、重い振り棒でも握りこまずに連続して振り続けることが可能であり、腕が疲れることもない。

⑤ 柄紐の擦れや鍔裏の染み具合

新品の柄紐や鍔を使用しているのでなければ、紐の擦れ具合や鍔裏面（柄側）の染みにもヒントが隠れている。

例えば右手の示指〜小指部分の範囲内で、どの箇所が最も擦れているか見出したい。多くは小指部分が擦れているが、力みが薄れていくと、擦れは少なくなっていく。深化の途上で中指部分が主に擦れることもあるように、擦れ具合から力量を窺い知ることが出来る。尚、木綿や絹の柄紐でなく、廉価品の牛革であると擦れ具合はよく観察できるので、柄紐の材質にも注目したい。

一方で、右手手背側の拇指示指間の所に青あざがあれば、最近は手首が力んでいることを窺い知れる。これは鍔の形状にもよるが、柄を右手先で取りに行く際に手首の背屈や撓屈が強いと、抜く途中で鍔辺縁が当たってしまうからである。もし同部位が青あざでなく染みになっていたら、ずいぶん前から力んでいる者と判断できる。その場合、稽古量は多いかもしれないが、からだ遣いはあまりよくない可能性が出てくる。

また鍔裏の中で右手と触れている所は、手入れをしていても変色してくるので、稽古量を予想できる。

⑥ 一度、自分を切らせる感覚が必要

「後の先」を修練する際、ただタイミングを合わせて初動から速く動けば良いというものではない。むしろ「捨て身」になるように一度相手に斬らせる動きをイメージし、結果的に相手がそれに乗ってくるように仕向けて捌きたい。

修練したての頃であれば、一瞬体が沈むような動きがある。これは、事情を知らなければ、余計な動作として見切られてしまうかもしれない。しかし見事に後の先を制した時は、速さだけでは解釈できない事態が展開されているはずである。

また、呼吸を合わせた瞬間に切らせる感覚が生じることもある。このときの掛け声は動作の発動宣言などの類いではなく、誘いをかけつつも「切られました」と彼我の関係を仮設定し術を展開するのである。すると遅れて発動したようにみえても、結果として先を取れる。

⑦ 相手を想定しているか

筆者も個人での稽古が多いので、常々気を付けていることである。

居合術はただの舞ではない。術として展開するには、自分が起居するその場だけの自己愛的な動作に終始してはいけない。つまりは必ず相手を想定して修練することが重要である。さもないと的のない射術稽古のようになってしまう。細かい所の「修正」では、相手を想定しない稽古も

有用だが、それればかりでは片手落ちになる。

活きた術、応用が利く術を得るには、色々な動きを展開する相手をイメージする必要がある。その際、必ず型通りでなかった場合も想定しているかどうかがポイントとなる。そのような稽古を通して、彼我の正中線の取り合いをしていくのである。

もし観察対象者がきちんと相手を想定しているならば、その相手の姿が見えるようになる。さらに、たとえ一人稽古でも後の先を制するイメージで動いていれば、端から見て動き始めが読めない。逆に独りよがりの抜刀や納刀では、相手の姿は全く見えず、発動のタイミングも読まれてしまう。

⑧　動きを変化させているか

前項にも関連するが、動きは型通りなのに少しずつ違う動き方を検証している人がいたら是非注目したい。それこそ目を皿にして、全身を耳にして見取った方がよい。

特に動作タイミングの遅速だけでなく、発動のポイントに変化がないかと探るのである。型稽古であれば基本的に同じ動きの繰り返しなので、動作の流れ自体は予想できるはずだ。それを逆手にとって、例えば次に腕を振り上げる前に、何かしていないか？視点が変わってはいないか？など少しでも遡るように探っていく。

よくよく見れば、右手で刀を抜く前に左足を踏んでいるとか、体内の軸ではなく刀身自体の軸を中心に動作が生じているなどの発見があるかもしれない。

⑨ 柄より鞘の捌きに注目せよ

少しでも居合術を経験した者であれば、当然と思うかもしれないが実はかなり難しいことである。本当に鞘を有効に捌けるようになるには、数年では足りないとも言われる。もし容易に出来たと思う者があれば、前述したように速さでごまかしていないか省みる必要があるだろう。

イメージとしては刀身が戦闘機体、鞘はカタパルトのようなものである。そのため確かに左手こそ重要で、右手と刀は勝手に射出されるような感覚が重要になる。しかし左手だけ独立して動くのはダメである。

特に抜刀時は左手先ではなく、体が割れるようにして左手自体も勝手に後ろへ振れていく感覚でなければならない。もし「左手を動かしました」という感覚が少しでも残っていれば、それは作為と居着きである。でも左手の動きが硬いと抜刀、納刀は上手くなれないというのだから、やはり簡単ではない。

⑩ 抜刀よりも納刀に注目せよ

納刀はいわゆる残心に相当する。切りっぱなし、突きっぱなしはダメなのは当然だが、鞘内に刀身を投げ入れるのはご法度である。時代劇や殺陣では、演出としてあえて鍔鳴りをさせるかのような納刀シーンがあるが、武術的にはナンセンスである。

そもそも、そのような音が出ること自体、刀の目釘が甘い証拠であり、そのような刀を稽古に使用してはいけない。さらに音を出した瞬間というのは、からだと道具が居着いた瞬間であり、残心の欠如を示す。

筆者も居合術を習い始めた当初、当時の指導者から「納刀だけでもよいから毎日稽古せよ」と言い含められていた。なぜ抜刀ではなく納刀なのか、長い間疑問であった。しかし、納め方は抜き方と同じ動作要素なのであると気付いてからは、納刀の重要性を得心した。

それ以降、居合術の見取りをする際には納刀シーンを特に注目するようになった。抜刀時と納刀時で鞘の扱いが大きく異なると、術内で居着いた瞬間が多く見られるような印象が今でもある。

⑪ 手刀に注目

刀を使わずに技を説明する時や、自身でイメージを練る際に、手刀を用いることは珍しくない。その時の手刀の形状によってイメージしているものが異なるので、予め注意したい。

指を利かせた手刀

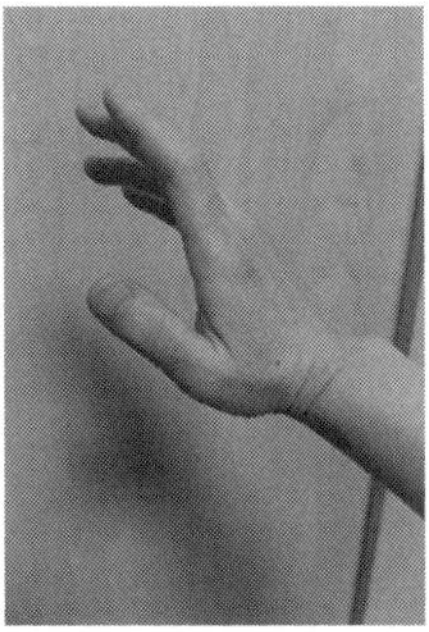

指をピンと伸ばした手刀

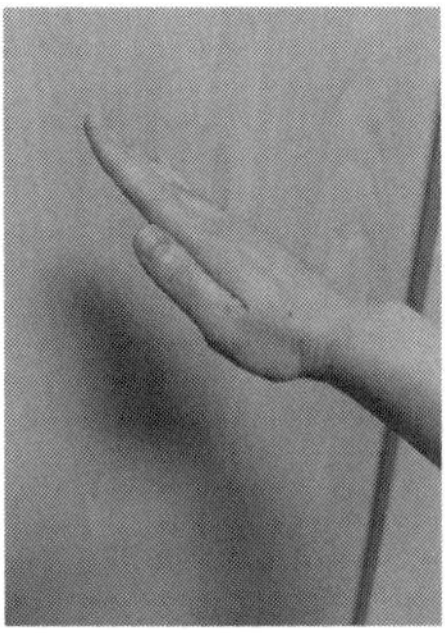

指を曲げた手刀

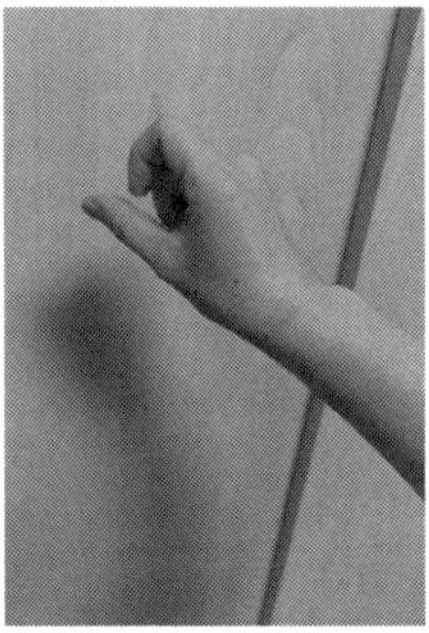

例えば手掌を窪ませつつ全指を伸ばし気味にした手形の時は、少なくとも肘から先を刃筋と連動させている（上掲写真左）。もし指がピンと伸び切っているような時は、肩や肘との連動が失われ、手首も前腕と真っ直ぐになってしまい威力もない。そのため手首で力んでいると見取れるが、視覚的な刃筋のイメージはしやすい（上掲写真中央）。

一方で、拇指以外の4指を曲げ、手首は背屈と撓屈（拇指側に曲がる）して実際に刀を持っているような形をイメージしている手形もある（上掲写真右）。これは手首が硬すぎると刃筋が立たないが、腕と刀身の肉眼的位置付けを想像することが出来る。

以上はどれが優れているというのではなく、手刀で刀を疑似させるか、もしくは刀を持っている感じでイメージするかの違いである。さらに空手などの経験者の手刀は、居合のみの術者とは異なるかもしれない。そのような視点で観察してみるのも面白いだろう。

◉樋鳴り（風切り音）の是非

刀を勢いよく振り下ろすと、ビュウッと樋鳴りが生じる場面はよく目にする。その音が高く大きいほど、冴えや切れ味がよいと思われるかもしれないが、果たしてそうなのか常に疑問であった。

結論から述べると、身体操法や刀法を深化させていく上では、樋鳴りは不要であると考えている。むしろ、いかにして鳴らさないかを追究すべきである。

確かに、ごく初級の場合は刃筋が立っているかどうかの確認には有用だろう。ただし時代劇やゲームの効果音のような派手派手しさは求めてはいけない。ましてや遠心力を使って、音を出そうとするのは下の下である。

厄介なことに、最低限の刃筋が立てば、力むほどに大きな樋鳴りが出てしまう。でもそれは腕全体が力んで、刀の物打ち部分だけがつんのめるように先走っているのである。特に振り始めで力んで、振っている途中は惰性に任せ、振り下ろした直後に固め止めするのがダメなのである。一見するとキビキビした感じがあるかもしれないが、止めた瞬間には全身が居着いている。これは、トンボは止まった瞬間に捕まえられやすいのと同様の現象である。それでも本人はキメた気になるから、なおのこと面倒だ。

からだをテンセグリティ構造体以上の深さでイメージし、刀の鍔元から刃先まで自身と一体化し満遍なく使おうすれば、樋鳴りは出そうと思っても出なくなる。そのため樋鳴りは力みの表れである可能性があるのだ。

だから、いかに無駄なく速く動いたとしても、樋鳴りが出ないような刀法を目指すべきである。振り始めは突然に生じ、振り終わっても固まることなく動く。その際、振りつつも体幹中心部に向かって両腕の骨が伸ばされ抜かれるような感覚があると、居着きにくい。そのように刀を振る時は、不思議と樋鳴りは出ない。

よって刀法修練者は先入観を捨てて、よくよく吟味する必要があるだろう。このように、樋鳴り一つからでも身体操法の深化を目指せるのである。

Ⅲ 杖術

① 杖が動きたいように動いているか

いきなり核心を突くが、結局はこれが一番大事である。杖を持っている手が先に動いてはいけない。杖に手が付いていくのが最低限、そしてからだが杖に付いていくような動きこそ見取りたい。

同様に杖操作においては、「止めた瞬間」があってはいけない。常に動き続けている。そして

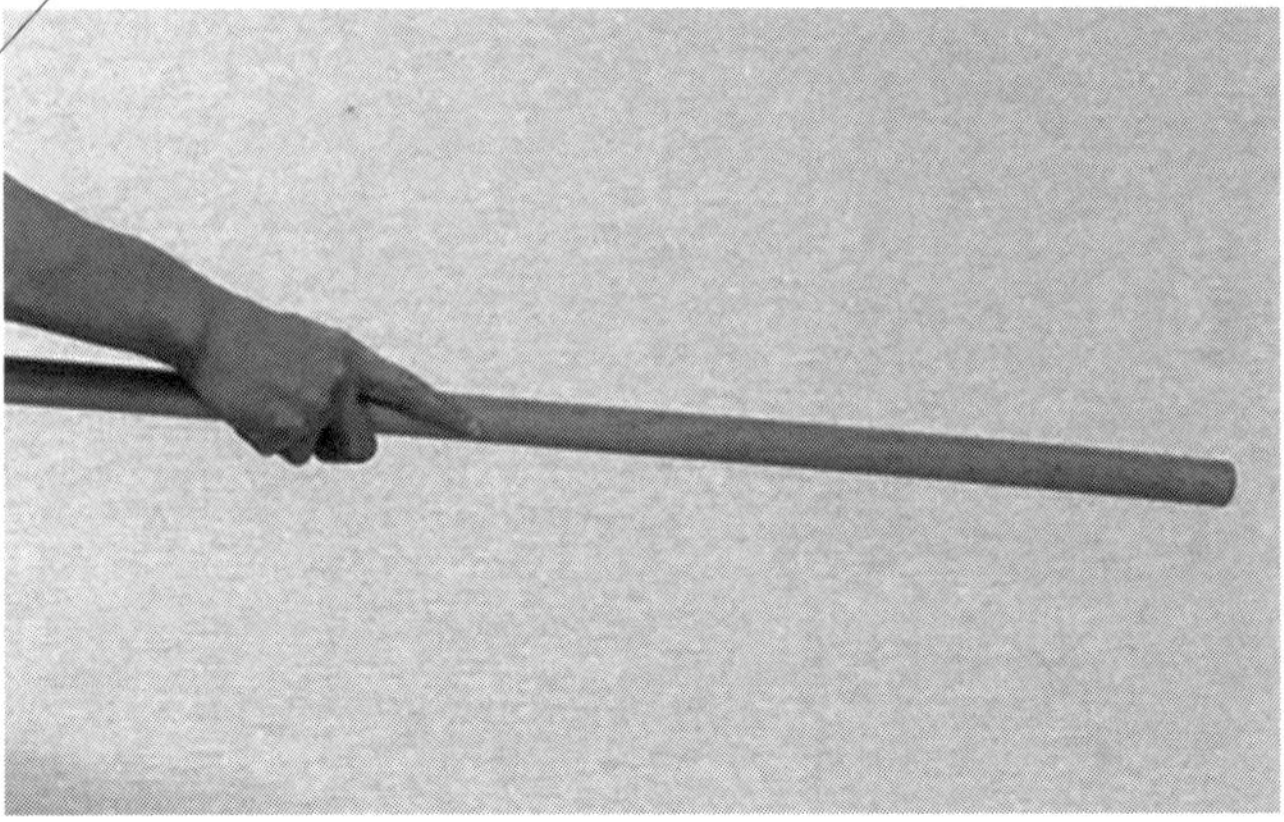

一瞬止まったように見えても、次の動きの「種」が多分に機能しているかどうかを見取りたい。その時は手先で振り回しているのではなく、「操者の重心移動」と「杖内の支点」の関係性に注目する。特に支点を増やして各々シフトチェンジしていた状態から、無数に増えた支点によってシフトチェンジはせずに動きが滑らかになっていく変化を見取りたい。

そのようにして、操者の重心移動を用いて杖内の支点を生み出し続ける動きこそ、滑らかで「ヌメリ」のある動きとなる。すると杖自体が粘って撓るように見えるし、事実、操者も手先を通して同じように感じられている。そしてからだをアメーバ化して道具を扱うと、一つに集約された無数の支点が縦横無尽に動き出すようになる。

② 握りを固定させない

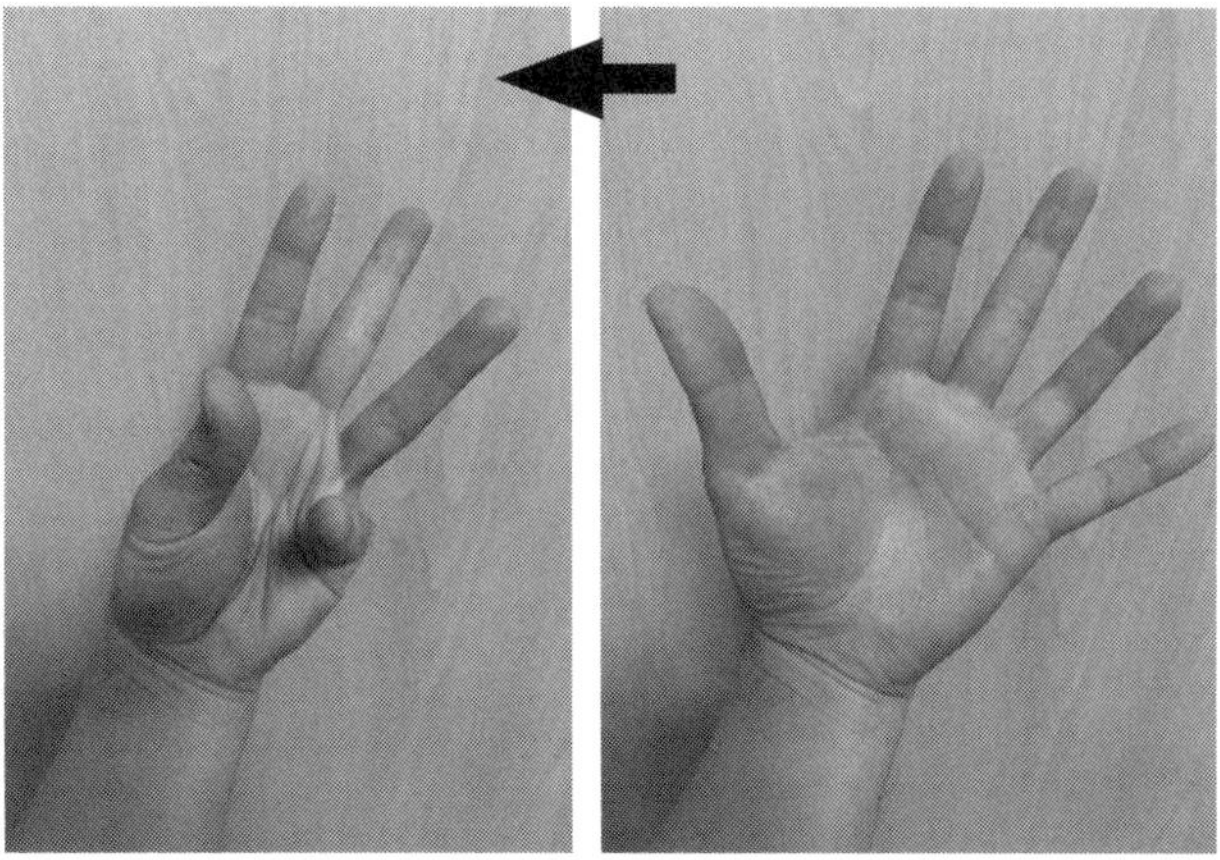

小指の締めは拇指との対立運動が強化され、結果として中指を利かせる効果を生む。

握りの固定は全ての場面で否定されることだが、杖術では特に重要となる。むしろ、諸武術における手の内や握りというのは、杖術を通して学ぶべきだろう。

特に見取りたいのは拇指と中指の関係である。弓道や剣道でも「小指の締め」というのが重要視されているし、筆者も異存はない。しかし「小指を締めていればよい」という、安易な批准項目となっていたら死に体になる。だから、「なぜ小指を締めなければならないのか？」と各自がきちんと考えねばならない。

一般的に小指を締めようとすると、拇指との向き合いが強化される。これは解剖学的に対立運動と称するのだが、あくまで中指を利かせるための方便としてとらえる必要がある（上掲写真）。つまり中指が外見上は曲がって見えても、内部で伸びようとしている感覚を生み出しているともいえる。そしてこの中指の利きは、からだの中央部へ働きかけるラインの起点でもあり、終着点にもなる。それはさながら、からだの中央から腕や道具を操作するショートカットケーブルのような機能を有しうるのである。

もし杖を握りしめていたら、この中指の利きは得られない。逆に拇指と中指以外の指が道具から浮いているような操術動作がみられたら、その人からは多くを学べるだろう。

③ 杖の機能変遷

杖は畢竟、ただの木の棒である。しかし扱いにより、その機能は実に多彩である。いわば「突けば槍」、「払えば刀」、「撓めば縄」のように変幻自在に機能が変遷展開されているのである。そのため杖が動く度に、機能が移り変わっていくのを見て取りたい。もし、ずっと木の棒に見えたならば、それはダメな動きである。

特に刀と同様、ビュンビュンと音を立てて振り回しているのは、全く意味がない。音なく形がトランスフォームするような術が望ましい。

④ 相手からの攻撃を直に受けてはいけない

杖術において、杖自体が傷ついたら、手の内を滑らせることができなくなる。すると機能のトランスフォームが困難となり、威力は大きく損なわれる。もちろん対人なので、誘うことはあるが、直に受けてはいけない。

ただ型稽古の中では杖同士、または杖と木刀で打ち合うシチュエーションがある。これは実戦とは異なるが、受けることで受け流す寸前を見極めることに繋がる。それ故に、ひいては誘いを導く事にもなると考える。

⑤ 体の入れ替わり

杖は刀と比べても軽いので、手先で振ると杖自体が動き過ぎてしまう。そのため手先が力んではいけないことを気付きやすい。その反面、杖の扱いに慣れると、指や手首を使わずに操作できていると誤解もしやすい。

そこで手先で振ることがなくなっても、肩や腰をブン回すように動くのはダメなので注意を要する。もちろん軸を中心に回転するのが大切だが、その軸も1本だけでは心もとない。予め複数設定しているかどうかがポイントとなる。そして、どの軸を使って回転するかで、杖の軌道はもちろんリーチにも違いが出る。

逆に、一本の軸だけで動いている者はいかに速くても、先が読める。複数の軸を駆使していると、相手が予期せぬ杖の軌道変更も可能となるため、同じ型稽古でも軸を変えながら修練している者がいたら目を離してはいけない。この軸も前述した支点同様に、数が増えればシフトチェン

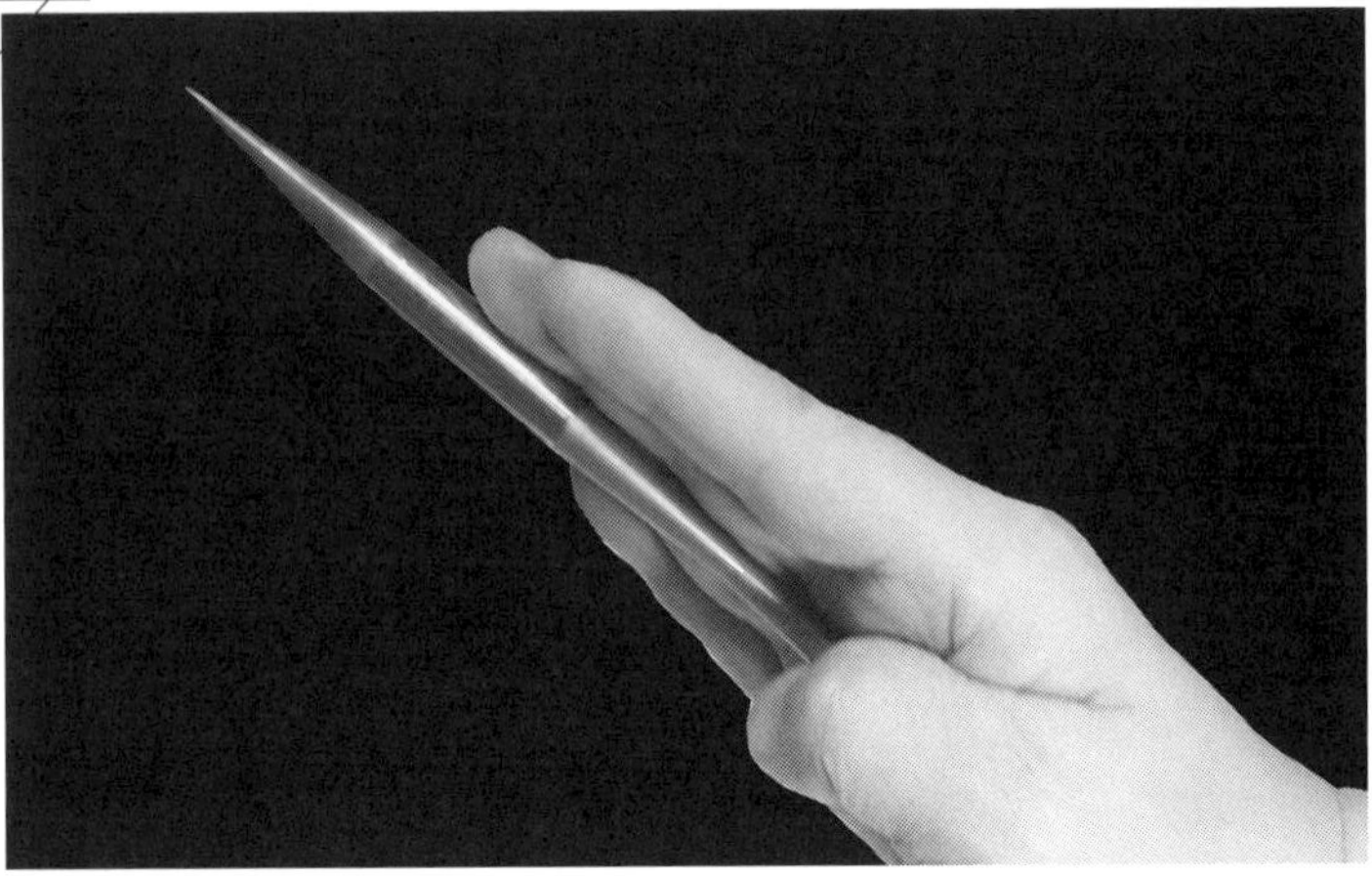

ジの必要はなくなり、あたかも一本の軸を移動させながら活かすようになる。すると動きはさらに滑らかになって「ヌメリ」をも呈し、相手から読まれにくくなる。

Ⅳ　手裏剣術

筆者は弓術の稽古に行き詰った時、しばしば手裏剣の稽古をしていた。弓術深化へのヒントを探すように取り組んでいたのだが、発見が多くあった。

そこで見取り稽古への深化を試みる一環として、注目点を挙げてみたい。

①　投げるのではなく打つ

手裏剣自体に重さがあるので、剣先が対象に向けばそれなりの脅威にはなろうが、武器として活かすには不十分である。

結論から言うと、腕だけを振って手裏剣を飛ばしてはいけない。つまりは術としてのキメが要る。正拳での突きっぱなしや、刀の斬りっぱなしが否であるように、手裏剣も投げっぱなしになってはいけないのである。

だから野球の内野手のような軽快なステップで投げてはいけないし、そのように投げている者からは学びにくいだろう。威力が得られないのは当然だし、そもそも動きが読まれるから、速く投げても避けられること必至である。

流派によって打ち方はそれぞれ異なるが、共通するのは、打つ時に自身の正中と対象の正中が向き合っているかどうかである。対象の正中に対しては、必ずしも体の真ん中とは限らず、仮の正中で構わない。つまりは目付の問題なのである。

弓術を含めた射的術や投剣術、投擲術では、目付あるいは狙いというものが他武術より重要視されるかもしれない。その際、ただ力んで見込むのではなく、対象に対する働きかけの要素も生じてくる。例えば投げる先に対し、自身の視線で相手の動きを止めるがごとく圧をかけ、瞬間的に彼我が線で繋がる。その線に沿って、速くも丁寧に手裏剣を乗せていくように打つ。この時、小さくも速く打ち抜く感覚が必要であり、やみくもに体を回転させてもいけないことを見取りたい。

② 打つ手の反対側に注目

右手で手裏剣を放つ際、左手はどうなっているだろうかとの観察は他武術同様に重要である。居合術ならば鞘捌きに相当する。反対の手には次弾として控えの手裏剣を持っていることが多いが、観察ポイントはやはり「胸」である。

胸が左右に開き、かつ縦線に拠って戸板が反転するような体捌きがあれば、しっかり手裏剣を打てる。もし左手が後ろや下方に大きく流れていたら、いかに強く右手を振っても冴えた手裏剣の飛びは得られない。きちんとできるようになると、たとえ椅子に座っていながらでも、手裏剣を打てるようになる。胸の開閉が分かりづらい場合は、まずは肘や肩から観察を深くしてもよい。

そして、「胸の動きが腰や足の機能と連動しているに違いない」との視座から観察を行っていく。すると手裏剣を打つために、体内全身でうねりが潜在していることが見取れるようになる。このうねりは突きや蹴りに応用でき、いわゆる空手のムチミやチンクチに相当すると考える。

③ 腕の捻り

打つ直前と打っている時では、腕の捻りが逆転する。打つ前にいわゆる「タメ」があるのだが、漠然と捻っていては剣筋が荒れる。きちんと足腰から連動した体内のラインで、捻らなければならない。

この時、解剖学的な要素のみで構え（捻り）を考えていると、捻り方が画一的となり、距離や高さに応じた打ち分けが困難となる。そのため、ここでも構造体イメージをテンセグリティ構造体以上に深化させた上で、新たなラインを検証し続ける必要がある。そしてアメーバに至れば、より自在な打ち方が出来るはずだ。

④ 距離感が大切

筆者は弓術を修練していて、往々にして対象への距離感が分からなくなることがあった。通常の弓道場では、的までの距離が近的なら28ｍ、遠的なら60ｍと距離が「固定」されている。そのため的までの距離に対し、下手に慣れてしまうとそれが惰性となり、彼我の距離感を失ってしまう。それにもかかわらず道場内で射る場所（射位）は決まっており、通常とは異なる位置からの行射は固く禁じられている。

そのため手裏剣稽古では、数メートル前後で距離を変えられるのを幸いとし、距離感の錬磨にとても有用であった。ポイントとしては、対象が「今」居る所に投げてもダメだということだ。手裏剣が到達する所を見計らうためにも絶対的な距離感の錬磨が必須となる。この稽古を経験すると、ヒビカン（後述）として常に色々な対象物との距離感を磨くことが重要であることに気付

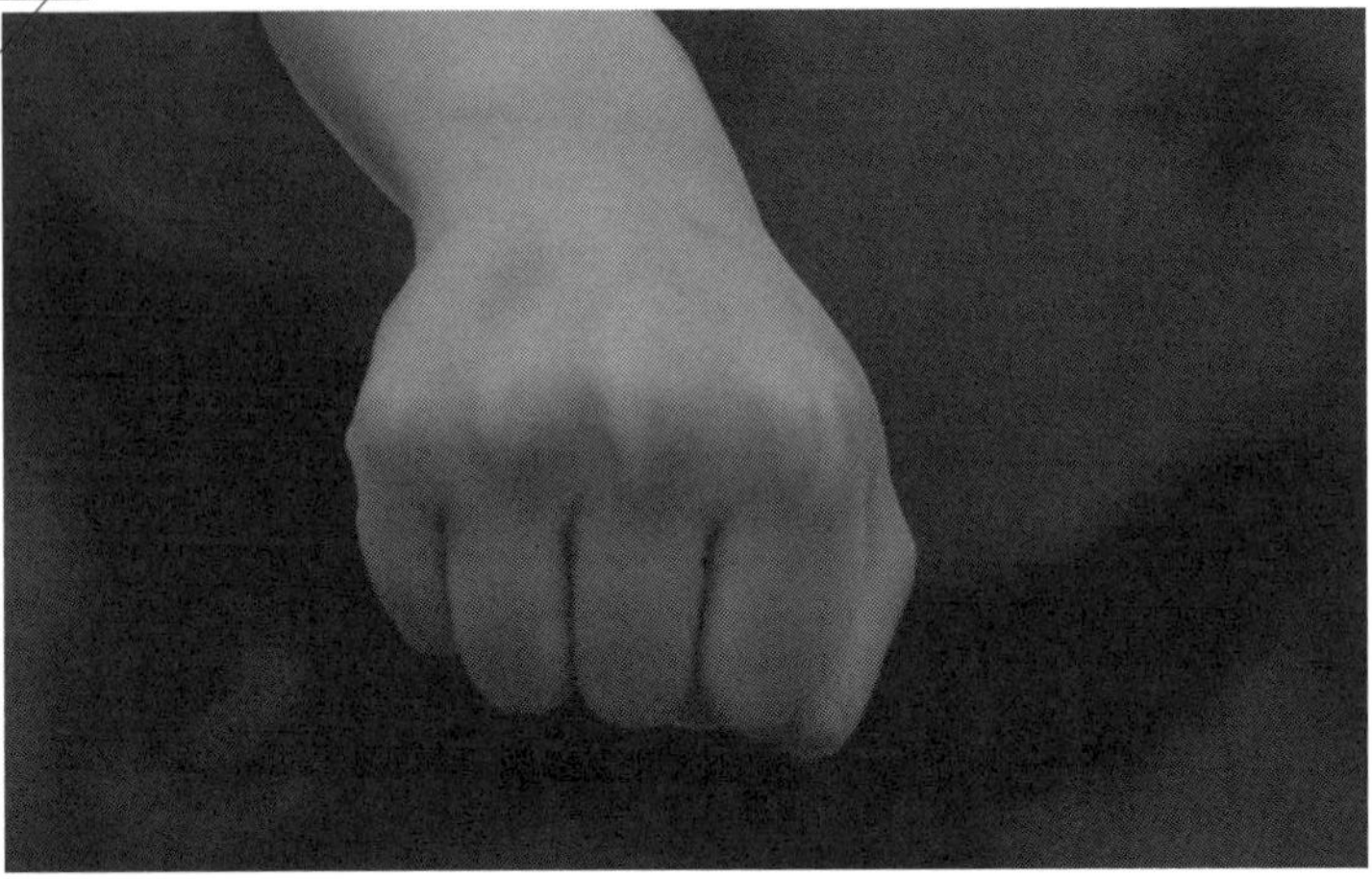

く。これはただの距離感だけを掴むのではなく、総合的な「勘」の養成にも大きく寄与する。

V 突き・蹴り・投げ

柔術や空手、合気道に代表される武具を用いない技やその方法などは、既存の図書でも幅広く唱えられている。対人競技であるほど、実践的な観察ポイントを多く挙げられることもある。ここでは徒手空拳の技について、筆者が長大な武具を扱う弓術家としての視点から得たポイントを列挙する。

① 実は観察が難しい徒手空拳

突きや蹴りなどの武具を使わず、己の身体のみを資本として繰り出す技は見取りが難しい。自身のからだを最小単位とし、最短かつ最速スピードで用いられる術の観察は容易ではないからだ。逆に道具遣いでは、道具の動きに体内の様子が増幅して表出してくるため、徒手空拳よりは観察がしやすいともいえる。

まずもって、手や足を相手に当てにいくのはお粗末であり、逆に当たらないのは論外であろう。つまり腕だけ足だけの身体操作がダメなのは、改めて論じるまでもない。

だからこそ、基礎鍛錬での感覚深化に努められているかが大きく問われる。筆者としては実際の対人場面に限らず、巻藁への突き稽古やサンドバッグへの蹴りの稽古などをよく見ていた。対象物との接点にはほとんど注目しなくてよく、むしろ外見上の初動発生の前に何が起きているのかを探らねばならない。例えば空手用の巻藁で正拳突きをする場面では、握りの強さ加減に注目したい。当然、常に強く握っている場合と、対象物に当たる時に握っている場合では威力が異なる。型稽古として常に握らねばならないこともあろうが、その中でも握りの強弱を窺い知る努力を怠ってはならない。

実のところ、この点に関しては弓術における離れの動作と極めて近似している。一般的な弓道本では全く語られることがないため、本書を契機に研究が進むことを大いに期待したい。

② 瞬間的な準備を察知する

筆者は武術やスポーツを見る際、準備段階での動作や作業をとりわけ注意して見ている。本番でのパフォーマンスの前に、何を気にしているのかということから術解釈の逆算を試みるのである。

分かりやすい例として、スプリンターやスケーターが行うハムストリングスや腸腰筋のケアがある。大腿前面ではなく、同後面やより奥の筋肉でもって下肢を動かそうとするのはよく見て取れる。ただこれは一般的にコンセンサスが得られていることであり、本番であっても他の選手に隠すことはない。

一方、武術においては核心的な準備動作が秘術にも値することもあろう。そのためおいそれと見取れないだろうと、予め見る側にも覚悟を求められる。例えば柔道選手が試合前に、エアーの状態で足払いや投げの動作確認をしている場面などにはヒントがある。

それでも、なかなか見つけにくいのが実際である。

そこで個人的には、黒澤明監督の映画から見取ることをおススメしたい。同監督の映画の中では、三船敏郎を始めとした武術に造詣のある俳優陣が、時に演出として「準備する場面」が描かれていることがある。例えば映画『用心棒』の中で、三船扮する椿三十郎が敵とすれ違う前に、腰の刀を差し直した直後に右肩を少しだけ上げて回すシーンがある。このわずかな肩回しにこそ見取るものが多分にある。

肩を少し回すことで、肩周囲及び胸を寛げ、無意識に生じている力みを除去している。そして、回した肩を下ろすと同時に全身へ波を浸透させることで、統一体であることを認識し直して備える動作なのだと筆者はとらえている。

実際に戦闘に及ばなくても予め備えておくのはもちろんなのだが、いわゆるストレッチのような準備体操は武術的ではない。本来の武術は「いきなり」の場面で、最大のパフォーマンスが求められるのだから、準備を要するようなものは術足りえないのである。よって武術的な準備とは、最良の状態を維持するための習慣・癖と換言出来るだろう。

③ どこに張り付くか？

安定を求めて地面（床）に張り付くのはダメである。それこそ居着きの代表例だ。では根無し草で舞えばよいかといえば、それも心もとない。

そこで機能的に張り付くという現象を探すことで、居着き脱却のヒントを得られる可能性がある。例えば合気道での型稽古や、剣道の鍔迫り合いの場面は重要である。その中でも地面ではなく、相手に張り付く様が参考になる。いわゆる宮本武蔵が『五輪書』で説く「漆膠の身」のことにも関連する。

実際の観察について、合気道では一瞬で見取りにくいが、剣道の鍔迫り合いは比較的時間を要するので観察に適している。見慣れてくると、相手に直に触れていなくても、空間を通して触れ、それが先を制する要素になっているように見えることもある。そして呼吸を読み合い、外見からは察知されない深部からの初動はもちろんのこと、相手を居着かせるような攻防には学ぶことが多い。

④ 曲線成分を抽出する

真っ直ぐに突くから、動作成分が真っ直ぐなモノだけとは限らない。蹴りや投げも同様である。確かに直線は最短距離ではあるが、それが最強最速とは限らない。そうではなく、直線的な動きの中に曲面要素（円・球）を見出すことが重要である。

特に直線の動きは単純であり見取りやすい反面、察知されやすい。特に発動の始めが見切られてしまい、それではいくら速くても武術的な意義は極めて低いと言わざるをえない。実際の弓術においても、矢筋上に真っ直ぐ引分けているように見えても、実に多くの曲線成分で構成されている。

このように曲面要素への見出しに努め、発動の始めが曲面の接線方向から生じるような動きがどこにあるか探るとよい。すると発動場所とは遠い所からの起動を見取れるようになり、果ては曲面成分を超えて「波」の成分を見出すことにもつながる。尚、この観点に関しては、中国武術から学ぶのが適していると考える。

⑤ 見つめているところへの攻撃は弱い

打撃ポイントが予め決まっている世界ならば、見ている所へ渾身の打ち込みをするもの悪くないはずだ。そして打撃ポイントのみに視点を固定することなく、広い視野と感覚でもって相手を察知し続けていれば、さらに倒しがたい存在となろう。

しかしその視線自体が力んで「見つめて」しまうと途端に弱くなる。視線から体が居着くようなものである。特に、顎先が浮いたり引けたりして見込むのはかなり弱いし、防御反応も遅い印象がある。これは弓術における狙いとも共通する。つまりは見つめすぎてもダメなのである。

そのため、効果的な攻撃では、相手を俯瞰でとらえつつ、接触ポイントの先を打ち抜くようなものであるはずだ。そして見ていない所への攻撃や躱しこそ見取りたい。

⑥ 大きい動作を小さくしつつ威力を上げる

一見すると大きい動作は強そうに見える。特に大柄なファイターが腕や足を大きく振り回していれば、それだけで恐怖を感じることもあるだろう。

しかし枝のような老師が、事も無げに巨漢を制する場面というのは映画の世界だけではない。そしてこの現象はいずれ自動的に到達する境地ではなく、やはりある種の心構えが必須となる。

中国武術などでは、大きくても効果のない動作の様を「花拳繍腿《かけんしゅうたい》」という。花のように飾った拳と刺繍をしたような腿という意味である。つまり花拳繍腿とは見た目ばかりが華やかで中身が伴わない動作のことであり、非常に示唆的である。

確かに初学者は型で大きく修練し、上達するに従い徐々に余分なものを削いで小さくなりつつも強くなるような稽古が重要となる。若く体力に溢れている時は、力任せの勢いでもよいが、それだけでは加齢とともに衰える。年老いてなおしなやかで強靭となるには、術の深化の中で手先足先だけの動きではなくなり、より統一体であるからだと波成分の追求が不可欠となる。

例えば空手での唱えられるムチミ・チンクチ・ガマクなどの視座は、全武術に共通して重要である。術といわれるものには、少なからず同様の要素が含まれていると心得て見取りに臨まねばならない。

⑦ 道具がある時とない時の動作比較

居合術にて手刀の形の違いについては述べたが、同様に物を持っている時とそうでないときの違いを察知する方法を挙げたい。

例えば突き一つを繰り出す時も、反対の手に爪楊枝1本を持ったり、帽子1つ被ったりするだけで体内の重心の位置がわずかに変わる。そのように変化をつけて、「何かスムーズに動けない？」

と感じ取れることが重要だ。もちろん慣れればすぐに動けるようになるかもしれない。いちいち察知して調整をするのではなく、微妙な変化から術の展開に繋げようとする態度が重要となる。

この観察は他者を対象にするよりも、自身で実践し撮影したものから見取るのが効果的である。筆者の場合、弓術修練において任意の場所に絆創膏を張ってみたり、足底にセロハンテープの小片を貼ってみたりして変化を作っている。1gにも満たない木片やテープで崩されてしまう繊細さに辟易することもあるが、修練を深めるヒントがあると信じ続けている。

⑧ 点対称の位置に注目

見取りの最中で、どうしても一番動いている所に目が行きがちである。そのような時は、「点対称の部分」に視線を向けることで全体が見えやすくなる。例えば、右手で突く場合は点対称の位置にある左足を見るといった具合である。すると一番動くところではない所にこそ、先行している動きや意識向けに気付けるかもしれない。

このような観察を続けると、「どこが良かった」などという部分の評価をしなくなる。特に身体を統一体（テンセグリティ構造体、不定形構造）として捉えようとするならば、部分だけの良否の判断はナンセンスであると気付く。つまり全部良いか、全部悪いかのどちらかになる。これは自分自身への評価法を刷新することにも効果がある。

⑨ 力の抜きどころを見取る

一般的に何かをする際、力を入れて発動すると思われがちである。既にそのレベルを超えている者には釈迦に説法かもしれないが、無意識の内にまたその視点に戻っていることがあるのではないだろうか。もちろんの修練の途中に戻ったり進んだりすることは日常茶飯事なので気に病む必要はないが、その都度視点を改める必要がある。

最も重要なのは、必要な緊張を切らせてはいけないが、力が入りっぱなしもダメということだ。それだと必要な時に力が入らなくなるため、緩急としての抜きどころが必要となる。しかし、この抜きは休息や油断ではない。だから隙にならない。

このように隙となっていない抜きどころを見取れたら、真似してみるよう心掛けたい。ただし、その際は呼吸が浅くなったり途切れたりしないようにすることが肝要となる。

Ⅵ 体操・エクササイズ・療術

① 自身に必要な体操術を吟味

明治以降、西洋の体育学流入により、本邦でも多くの体操術が生まれた。その中の一部は現在

でも残り、また新たに生まれ続けている。それぞれの体操術の目的が異なるため、優劣を判別するのは困難である。

では何をもって効果を判別するか。ただの筋トレや、関節可動域の拡大を目的としたものであればどれも大差ないので、要はそれら以外の効能を十分に吟味する必要がある。中には実践を続けてはじめて実感するものも少なくない。だからこそ、効能は与えられたものではなく、自ら求めないといけない。

そのため自身に必要な要素をクリアしてくれそうな体操術を選び、選んだらしばらくはわき目もふらずに実践すべきである。他人が良いと言っても、必ずしも自身に必要とは限らない。必ず自身のからだを通して判断を下すことが重要である。

特に実践候補に挙がった体操術に取り組んだ先達の、実施前後の様子を視覚的に説明する資料があれば、是非とも参考にしたい。そこでの観察ポイントとしては、筋肉量やウエスト幅などの流行に左右される美容的観点には陥らず、「重心位置の変遷」や「体軸の太さや本数」などに注目する。そして身体の構造体イメージの刷新が生じているかどうかを見取りたい。

その時に、骨抜きになっていたり、合わない甲冑を着ていたりするような姿勢であったら、あまり実践はしない方がよいかもしれない。またビフォーアフターを殊更に強調するような商業化に特化したCMなどには踊らされないよう、常に批判的吟味を行う態度も養いたい。

② 被施術者の態度に注目

自身も下手な稽古をしたり、仕事で体を強張らせてしまったりしたときに施術を受けている。筆者の場合、祖父（柔道整復師）、祖母（鍼灸師）、叔父（柔道整復師、鍼灸師）らが療術者であったため、施術を受けることには幼少期より親和性があった。そのためもあってか、中学受験時には祖母に肩を揉ませるという逆転風景を晒していたが……。

いざ施術場面を画面上で見ると行為自体は分かりづらいため、表面的な見取りは困難であり、安易なマネは危険ですらある。同業者や専門家が見れば、それはまた特異な観察点はあるだろうが一般的ではない。それこそ秘術に見える。だからといって何も参考にならないわけではなく、ヒビカンポイントは存在する。

重要なのは「被施術者の態度」である。例えば施術者が肩のある部位を押そうとしたとき、押される部分にて抵抗するように受けてしまうと、施術効果が薄まるばかりか悪化するかもしれない。そのため被施術者は触られる部分が、抵抗なく沈むような感覚でもって施術を受けるとよい。すると力によって解されるというよりは、固まっていたところを半分は自力で緩めていくようになる。

そして腕の立つ施術者は、その自発的緩解を促すような施術を展開できるのだとも考える。だから触らずとも良性の変化を促しうるのであり、それを「氣」と称されていることもあると考える。

③ ダイエット目的の運動は武術的ではない

体操法やエクササイズの中には、ダイエット効果を謳ったものが多く散見させる。動画サイトなどを概観するに、ほとんどがそれを目的としている。この点に関して、前著『弓道と身体』（BABジャパン刊）でも述べたが、ダイエット目的のものには武術的要素は皆無だとしてよいと考える。

ダイエット目的の動作の特徴は、「少ない動きでどれだけカロリー消費が望めるか？」「部分痩せを目指すためにどの動きをするか？」などをテーマにすることが支配的である。

確かに全く運動習慣のない方が基礎体力をつけるための「導入」や、糖尿病や筋関節系の疾患を有する方への「治療的介入」の一助としてならば意味はなくはない。しかし武術的には「より少ない動きで最大の機能を発揮させる」「できるだけカロリー消費をしない」方が重要なのであり、まさに対極といってもいいだろう。

その視点で見ると、ダイエット目的の動作には武術的には余計なもの（腰の捻りなど）が多く含まれていることに気付く。またウォーキングについても、不必要に腕を振る様などを見ると、「いかに早く疲れるか？」という爛熟した飽食の世界ここに極まれりといった感じである。

より不便な時代に暮らしていた先人らが見たら、抱腹絶倒を通り越して怒られるかもしれない。だから、先人らに恥ずかしくない身体の考察をしていきたいところだ。特に短期的に減量を促す動作はかえって害になることもあるので、注意を要する。

Ⅶ　武術関連書籍から

見取りの対象は道場場面や映像に限らず、書籍にも及ぶ。出版業界は不振といわれるが、武道関連書籍は多く存在する。またＷＥＢ上の記事も含めると、膨大な量になる。

しかし量が多いということは、自然と玉石混交となるため、読む側の技量や知識も問われる。特に現代の武術家には、身体操作だけでなく、「読む技術」というのも求められると考える。こ

の点に関しては自著『弓取りの文字力』（太陽書房）にて詳細に述べたので、興味のある方は同書も参照して頂きたい。ここでは特に重要な点について挙げたい。

① 著者の身体の構造体イメージを類推する

資料としての文献ではなく、技術書あるいは指導書として書いている著者自身が、どのような構造体イメージを有しているのか類推する必要がある。

親切な書物であれば、その本の対象者や著者自身のポリシーを予め記してある。または導入部分の総論的な箇所で、著者の身体イメージを呈しているものもある。しかしそれらがない場合は、読む側が想像しなければならない。

例えば、用いられているイラストがヒンジ構造体や楕円構造体のようなものに終始していたら、そこまでの者を対象にしているのかもしれない。一方でアメーバのような話をしているなら、より深層の話があるかもしれないと、読む側がアンテナを張り直してもいいだろう。

ただし丸飲みは危険であり、いつも「著者自身も分かっていないかもしれない」と疑いながら読む必要がある。その中で、難しいことをあえて次元を落として説明している箇所があれば、その書は何度も読み返してよい。自身の理解が深まる度に読み返すと、その都度新しい発見を得られるかもしれないからだ。

② 著者自身が表演しているか？

筆者が武道書（技術書・指導書）の良否を判別する際に、最も重要視している点である。数多くある武道書の中でも、著者自身の写真が全く出ていないものも少なくない。写真が貴重だった昔はともかく、現代ではツールも充実しているので、本人が出ない方が不自然であろう。

その中でも「優秀な教え子」だけをモデルにしている書物は、まず研究対象外にしてもよいとも考える。通常、自身の考えや技量を文章で説明するのは、万言を費やしても十分にはならない。そのため自身の写真や映像を用いて補填するのだが、それを他者に委ねていては片手落ち必至なのである。

もし「自身の理想を筆者よりも実現している○○にモデルを委ねた」などの言及があればまだ

よいが、弟子だけを矢面に立たせるのは特別な事情がない限り信頼を欠く。もちろん弟子を出すことが問題なのではない。その際には、師と弟子の比較が出来るような構成となっているかが重要となる。しかもその採用する弟子も、「修練の浅い者」と「高弟」の両方を出し、師との3者対比が最も信頼のおける現代武術書といえる。

4 弓道・弓術の観察

武術歴が長い方でも、弓術の修練経験がある方は決して多くはないだろう。その閉鎖性が弓道界の欠点ではある。弓術家が他の武術からヒントを得ようとすることは、自身も含めて例はあろうが、逆はどうであろうか？

これまでも弓道書は数多く出回っているが、他の武術家の方が参考になる記載はあまり見受けられなかったと思う。あっても精神論や観念論のみに留まっていたかもしれない。

そこで本項では、弓道・弓術の技術面において、他の武術家の方にも参考になるような要素をピックアップしてみたい。その上で弓道・弓術から何を見取って、いかにして自身の武術に活かしてもらうかを考えたい。そして、これを機に弓術への興味を深めることに繋がれば、さらに幸いである。

まず基礎情報として、本邦弓術の最大の特徴は、その長大な弓の下三分の一を握って開く動作であることだ。特に和弓は世界中の弓の中でも最大と言われている。これには射程を長く、かつ貫徹力を強靭にしつつも、握り部分での振動が少ない効果があるとされている。

そして他国の射法と異なり、利き腕に関わらず必ず左手で弓を持ち、右手で弦を持つ。特に、右腕で引くというよりは、左腕で弓を押し、からだを弓の中に割り込ませるように開くのが肝要である。そのためには縦線が利かないと開かない。逆にきちんと左手で押せれば、右手で引くための「許し」が得られるような感覚となる。力感としては左手七分、右手三分の感じとなり、決して五分五分にはならない。

本項では、射法の基本である射法八節と十文字の略解を通して、注目すべき観点を列挙してみたい。

なお、弓界では左手のことを弓手《ゆんで》・押手《おしで》、右手のことを妻手《めて》（馬手《めて》）・勝手《かって》と称するが、他武術を修練する方にも理解がしやすいよう、左手・右手との表現に統一することを予めご了承頂きたい。

【射法八節略解】

① 足踏み・② 胴造り

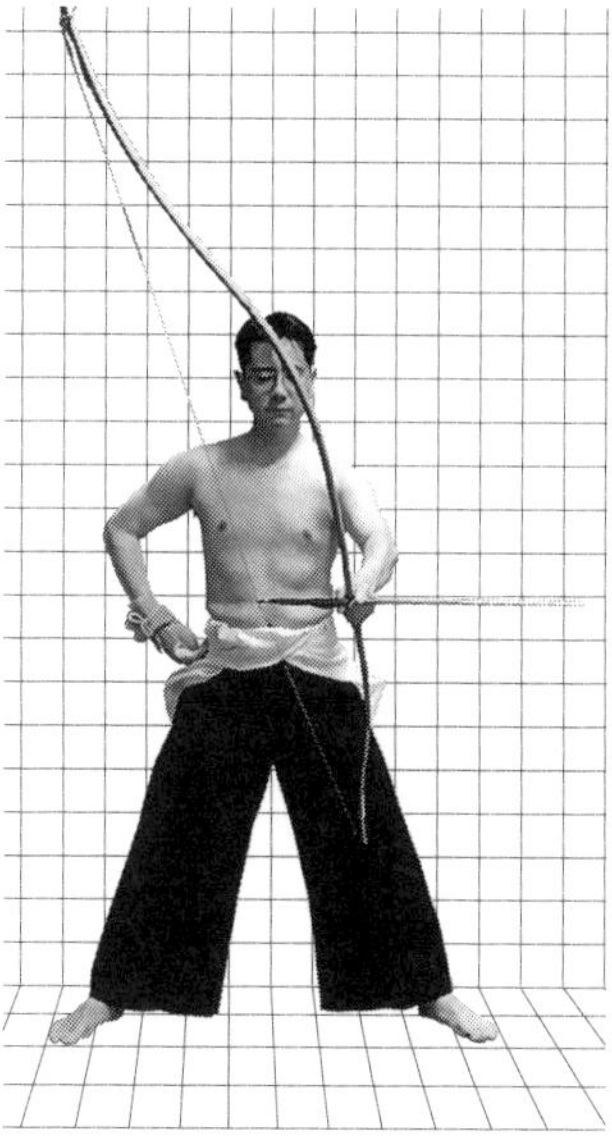

③ 弓構え

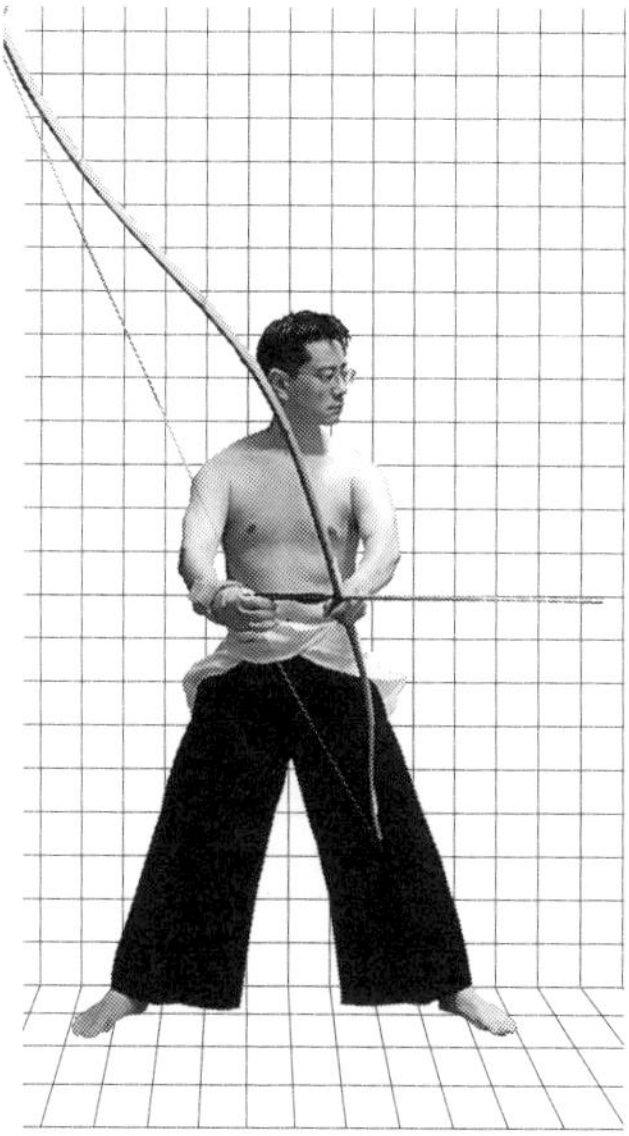

射法八節とは弓道の基本的な型であり、以下の足踏みから残心まで八要訣からなる。

① 足踏《あしぶ》み

的に対して体を安定させる最初の動作。身長の半分の広さを目安に、左足より外八文字（約60度）踏み開く。

② 胴造《どうづく》り

射法の中でも最も重要な節。弓を左膝に置き、右手は右の腰におく。呼吸を調え、心気を丹田におさめる。正しい胴造りの結果、両肩の線・腰の線・足踏みの線が平行となり、縦線と合わせて「三重

④ 打起し

⑤ 引分け

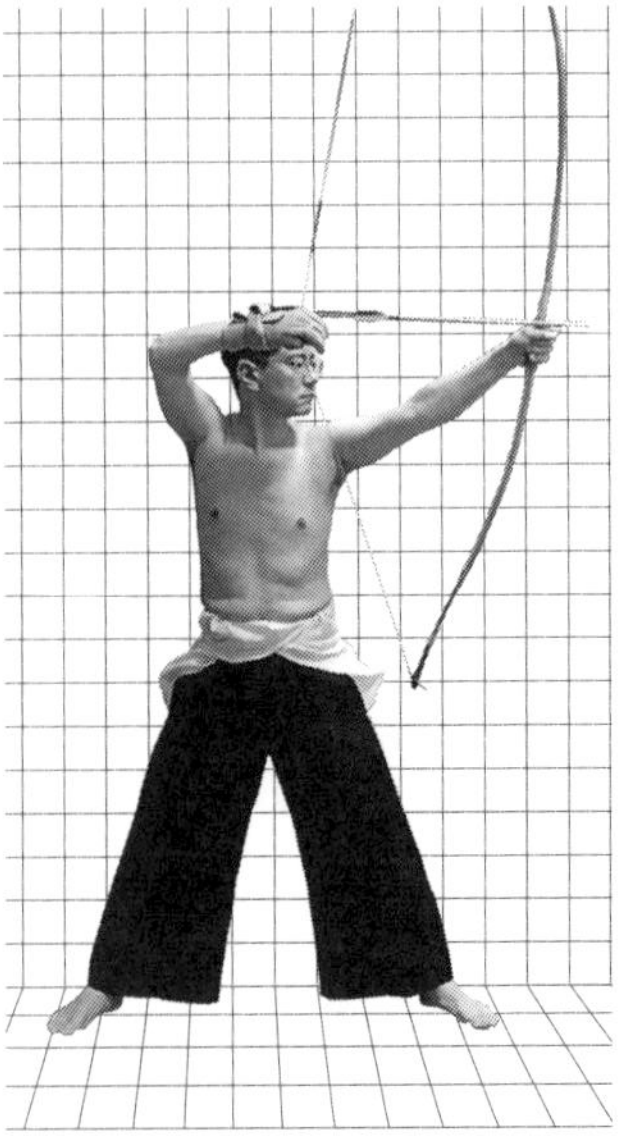

十文字」を形成する。

③ **弓構《ゆがま》え**

矢をつがえた後、右手を弦にかけ（取懸け）、左手の握りを調える（手の内）。そして的を見る（物見）。正面の構えと斜面の構えの2種類がある。

④ **打起《うちおこ》し**

正面打起しの場合、弓構えの状態から静かに両拳を同じ高さに持ち上げる。上げる高さは上腕と体のなす鋭角の方が約45度となるのが目安である。

⑤ **引分《ひきわ》け**

弓矢を持ち上げた後、左右に引分ける。

⑥ 会

⑦ 離れ・⑧ 残心（残身）

流派によっては、三分の一ほど引き分けた所で一度呼吸や体勢を整える（大三）。左手での押しを主体としつつ、体全体を使って弓の中に分け入るように開くことが重要。

⑥ 会《かい》

矢が口元の高さになるまで引き下ろし、引分けが完了した状態。縦線と横線が完成された状態を「詰合い」という。詰合いの形から上下左右に気力を充実させて押し引きを持続することを「伸合い」という。

⑦ 離《はな》れ

気合の発動により体全体を左右均等

に大きく開いて矢を放つ。手先で作為的に離さないことが特に重要であり、あくまで引き分け続けた延長で離れる。

⑧ **残心《ざんしん》（残身《ざんしん》）**

射の総決算であることは他の武道と同様。気合と集中を切らさず、矢が離れた時の姿勢をしばらく保つ。後に油断なく弓を倒しながら戻し、両拳を腰におき、物見を正面に戻す。

また当啓進会では、射法八節に対して、より術解釈を深めるために「四要訣」に再編集している。各々、立つ（足踏み・胴造り）、持つ（弓構え・打起し）、延べる（引分け・会）、抜く（離れ・残心）としているが、ここでは本論の主旨から外れるので、詳細は前著『弓道と身体』（ＢＡＢジャパン刊）を参照されたい。

【十文字という視点】

矢が的に中るためには体の安定が必須である。安定の構成要素が十文字であり、身体・道具を機能させるための最低条件である。そのため、何れの射癖を改善する際でも、十文字の構成を常に主眼に置かねばならない。そこで初めて見る射の評価は、十文字に基づくとよい。

三重十文字

両足底を結ぶ線、両腰を結ぶ線、両肩を結ぶ線、という3本の線と縦線である背骨の線によって構成される十文字。

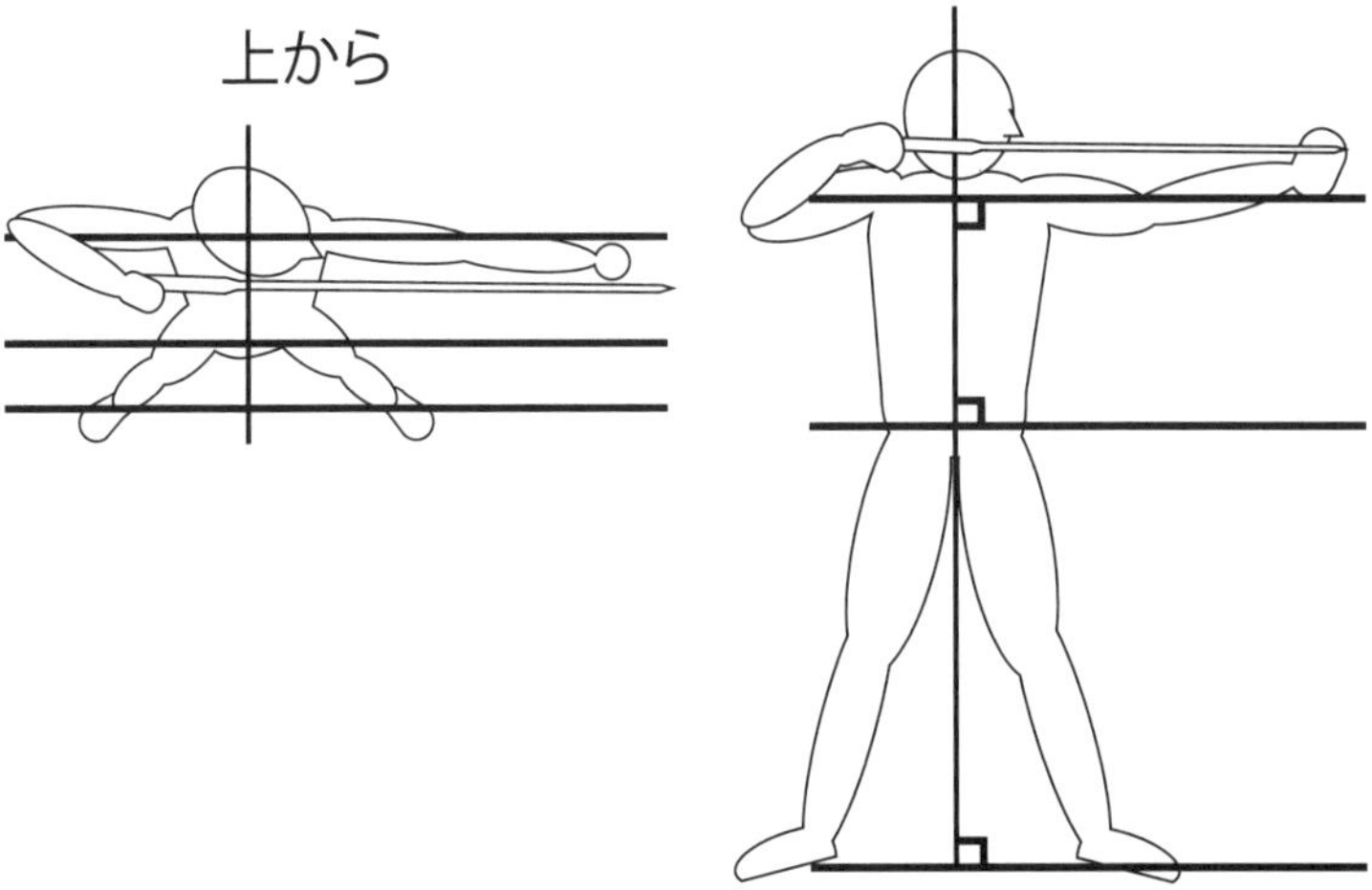

ただし十文字は外見上構成されていればよいというものではない。それにより術としての安定性や柔軟性、低負荷である基盤に繋がらなければならない。よって十文字による射としての「機能」を見取る必要がある。

◉三重十文字
両足底・両腰・両肩を結ぶ線と縦線である背骨の線によって構成される十文字である。

◉五重十文字
① 弓と矢
② 弓と弓手（左手）の手の内

五重十文字

① 弓と矢、② 弓と弓手（左手）の手の内、③ 隅《ゆがけ》（右手）の拇指と弦、④ 胸の中筋と両肩を結ぶ線、⑤ 首筋と矢、
という５ヶ所がそれぞれほぼ直角に十字の形態をなすのが望ましい。

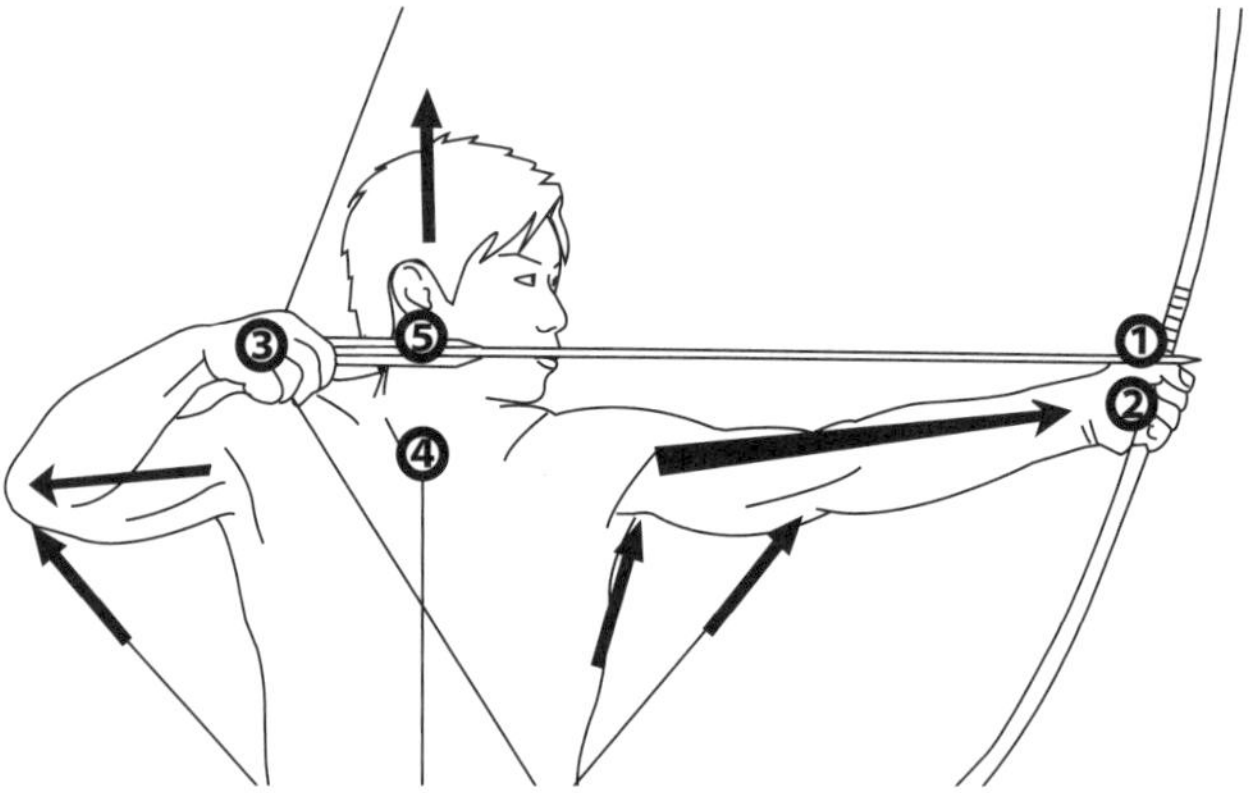

③ 隅《ゆがけ》（右手）の拇指と弦
④ 胸の中筋と両肩を結ぶ線
⑤ 首すじと矢

以上がそれぞれほぼ直角に十字の形態をなしていなければならない。射法八節はこれらの十文字を作り上げる方法として、その法則を説明している。

◉帯の位置で力量がわかる

道着の着方だけで力量が分かると言われるが、これは弓道でも同様である。まず帯の位置がおかしい者からは学ぶものが少ないので、最初に注目してよい。基本的な帯の位置は、両腰骨（上前腸骨棘）を帯の中心で押さえるように巻いているのが正しい。そこから外れて、高すぎたり、低すぎ

たりしているのは胴造りや丹田などの理解や稽古が不足している者である。特に若い男性は低すぎに、女性は高すぎとなる傾向がある。

　また、上着の前がはだけ気味になっているのも同様の理由でよろしくない。

◉左足先の一歩目が重要

　行射自体は、左足を的（対象）に向けて踏み出す所から始まるが、この一歩目はかなり重要である。ここが疎かになっていたり、踏み開いた後に直したりするような射士からは学びにくいといっても過言ではないだろう。

　道場に入る前から、場の掌握の一環として的との繋がりが重要視されている。それを絶対に切ってはいけないのだが、踏み直しをすると繋がりが切れてしまう。すると自分と的を分けた世界に没落し、独りよがりな「的当て」に堕してしまう。

　足踏みに関して、弓術では「蜘蛛の尺《かね》」という教えがある。そもそも蜘蛛は巣を造る際に、吹く風を利用して目的の場所に糸を吹き付ける。その最初の一筋に対する蜘蛛の勘所から射士も学べとのことだ。しかし、筆者も常々注意していることなのだが、結構難しい。特に「自分の○○を直したい」などいう気持ちが前面に出過ぎると、途端に環境との繋がりが切れてしまうのである。他の武術家の方々においても、最初の一歩にはよくよく注意されたい。

また現代弓道では近的は28m、遠的は60mと定められているが、その距離が固定されたものであるが故に、距離に慣れてしまう。すると的のことはさておき、射位での行射に終始し、技術だけでなく思考も自己中心的になる。すると的に対して新鮮な気持ちで向かうことが無くなり、距離感という感覚も鈍麻していく。

そのため視線だけでなく全身でもって的に臨む必要があり、見取りの際にも対象射士がそのような態度でいるかどうかを察知して頂きたい。

◉弓構えまでで99.9%決まる

足踏み～弓構えが疎かであれば、以降は目も当てられない。帯の位置と同様に、弓構えの姿で力量は如実に分かる。それはむしろ弓道家でない人の方が、よく分かるかもしれない。知らないのは弓引きばかりと反省を促したい。

特に、右手が右腰から離れて弦を取りに行こうとするその瞬間がとても大切である。それ以降は、いかなる修正や作為も手遅れである。ここが無造作である者からは学ぶことは皆無であると断言してもよいくらいだ。さらに構えでの手の動作は、決して油断のないような動きでなければならず、例えば水温の分からない湯船に手を差し入れるような動きが求められる。

そして構えの完成に向かう中で、丹田（未熟なら肩）から空気が通り抜けるような様子が見取れるとよい。それはさながらバルーンアート用の細長い風船に、空気を入れ先端に達するような様子と似ている。もし空気の流入が早すぎれば、動きは硬くなり、風船ならば割れてしまう。適度な速度で流入していくと、射手本人の心境としての「円相」に至り、控える重大イベント（引分け）への土台が整う。

一方で、未熟であるほど構えまでが疎かになっており、引分け以降で色々と考えたり、射を弄《いじ》ったりしてしまうものである。それは他武術で言えば、絶対にありえないことである。例えば、刀で切り下す最中に、右肩を調整したり顔の向きを変えたりすることがないはずだ。本来の弓射も同じはずだが、1射に約1分かける動作の中では逆転現象が起きる。つまり射には、余計なことをする時間、考える時間があり過ぎるのである。

他の武術経験者が「弓道からは学ぶものがない」と言われかねないのは、この点によることが大きいだろう。よって、少なくとも構えの直前までに、全てが極まっていなければならない。以降の途中で微調整するような動作は、すべて死に体へ直結することを全射士は改めて思い返してほしい。

◉手の内にこだわり過ぎない

左手による弓の持ち方は複雑であり、流派間においても秘術となる要素も少なくない。そのため各指の揃え方や曲げる角度など、複雑に整えようとしてしまいがちになる。

特に拇指の付け根で弓本体にトルクをかけて、離れの際に弓が返るようにする術が問題となる。弓界では「弓返り」といい、弓道初心者が最初にぶち当たる壁でもある。弓返りがないと離した弦が頬や左肘に当たり、痛みからの恐怖に繋がるので、最初の壁とはいえ死活問題になる。

そのため初級の内から「最低限弦で払わないような手の内形成」が為されるのだが、これが実に厄介になる。必要以上に指や手首を固めてしまい、肘や肩との連動が失われてしまうと、本質である左手の伸びが失われてしまうからだ。残念なことに練達者と呼ばれる人の中にも、同様の現象を有し、中には行射中に微調整を繰り返す者も少なくない。この「微調整」が生じた瞬間、その射における武術的要素は一気に雲散霧消する。

刀や杖、槍などでも持ち方は重要であろうが、振っている最中に調整するなど禁忌といってもいいはずだ。これは弓術でも同じなのだが、往々にして行われるので、微調整している者は見取り対象から外し方がいい。逆に構えから残心まで、手の内に関して余計なことをしない一連の動きである射士からは、他のからだ遣いも含めて多くを学べる可能性が高い。

◉目は半眼で瞬きをしない

弓道・弓術から武術的な観察をする際、同時に複数いる射手の中から誰に注目すべきかを判別するには「目」に注目するとよい。

目を見開いて手元や的を見込んでいる者は、呼吸が浅い上に視線からして力んでいるので、胸を張り出したり、右手を払うように離れたりするので武術的に有用な術の見取りは望みにくい。また瞬目（瞬き）が多いほど、集中は削がれ、的中も落ちると言われている。そのため弓構え（少なくとも引分け）以降は瞬目をしないように心掛けなければならないとされている。

さらに武術界では一般的である「半眼」は、弓術においても同様に求められる。半眼になることで、意識はより内面に向き、意向を読み取られにくくなる。また瞬目が抑えられる効果もある。そのためしっかりとした半眼にて、沈思している様子のある射手はより深い身体の構造体イメージを有している可能性がある。

◉「動かないように」が「動けなくなっている」と誤解していないか？

足踏みや胴造りを通して、射の土台が盤石でなければならない。しかし構造体イメージが楕円構造体以下であると、固着して居着いてしまう。そのような状態では、とにかく揺るがずに動かないことを是とするあまり、「動けなくなっている」ことに気付かないのである。

確かにフラフラと動揺してもいけないが、全く動けないのも武術的でない。本来の盤石には固さではなく、柔軟性・応用性が求められる。これについては、ある一定レベル以上の武術修練をしていれば、一見して看破されよう。気付かないのは射手ばかりと、ここでも反省を促される。なぜ多くの射士がそのような状態に陥るのかというと、そもそも足踏みからして居着いているからである。そして究極の正義である縦線（正中線）をとにかく硬くして、それに対し無闇に固執し、案山子のようになってしまうのだ。その固執たるや、芥川龍之介の『蜘蛛の糸』に群がる地獄の亡者のような様相すらある。

複数の縦線を柔軟に活かしていれば、揺るがずにいても、「いざとなれば如何様にも動ける」という状態につながる。例えば空手型のナイファンチ（鉄騎）のように、脇正面を見つつ横歩きするような動作や体幹を、我々射士たちは学ぶべきである。

縦線が柔らかく、それに固執してない射では、止まって見えても全身が膨張するような気配を感じられよう。そのような射士を見かけたら、2射目ではその膨張感がいつから、そしてどこから生じるのかを見取ってもらいたい。動き回る動作から見取るのとは異なった縦線の機能を感じ取れるかもしれない。

◉打ち起こす理由

現在では、正面に構えて頭上に向かって高々と打ち起こす射法が一般的である。構えから脇正面に引き取る射法もあるが、この場合でも額前ぐらいの高さまでは打ち起こす。

弓術経験のない方にとっては、矢を番えたらそのまま引き分けた方が実践的と思われるかもしれない。確かに往年の戦場における射法ではそのようなものもあるが、身体操作と弓具の使用の観点から打起しには理由がある。

まず長大な弓を遣い熟し、強い弓力により鋭い矢勢と貫徹力を得るには、弓の中にからだを割り込ませるように大きく開く必要がある。しかもその方が、末端の力みを必要としないため、武術としての身体操作を深めていける効能がある。

そこで構えにて右手が弦を取りに行く瞬間が重要であることは前述したが、打起しから引分けに移行する瞬間も見どころである。当然断続的、律動的な移行は話にならないが、ここでの移行が作為なくスムーズであるかどうかも射の評価に大きく関わる。さらに言うなれば、この瞬間に射手の射術や構造体イメージに対する思想が滲み出やすいとも考えている。

◉胸の張り出し、肩の抜けはダメ

引分けでの心持は左右対称だが、実際は左肩が低く、右肩は高目の方が押し切って鋭い矢勢が得られやすい。その逆に左肩が力み上がって左腕を突っ張り、右手をしがんで右肩が後下に抜けるような引分けでは、離れが騒々しくなり冴えがない。

また左手が重要であるからと、バランスを無視してまで過剰になるのはいけない。これは他の武術家の方にとっても、共通する示唆である。

これなどは柔道の組み手争いで相手との距離を取るために、襟や袖元を掴んだ腕を伸ばす動作にも通じる。その腕の肩をまくり上げてしまうと、部分的に力が入っても押し返す作用は減じるので、やはり肩は抑え気味にする必要がある。ただし現代のJUDOでは頭を突き合わせるような体勢になりがちなので、肩が浮きやすいのも事実だ。そのため、弓術における肩遣いも参考にして頂きたい。

それと同時に、胸の具合をよく見取って頂きたい。一般的な武術界において、胸の張り出しは居着きの象徴であり、禁忌でさえある。しかし両肩を広げ、右肘を視野外の後下方へ回し込むという射法の特異性から、胸を無用に張り出して臀部は後ろへ突き出しやすい。この状態は弓界では「出尻鳩胸」と呼称され、戒められている。

そのため胸骨を会陰部に引かれるように下げつつ、丹田中心に引分けることが求められる。その際には反り返った上体ではなく、一見すると少し猫背に見えることもある。

弓術の練達者が居丈高に反り返らず、謙虚な猫背を呈している場合には胸の具合を観察するチャンスである。

◉離れの瞬間に会が満ちる

射では、離れとそれに続く残心が集大成なのだが、それまでの「途中」で自己満足的にキメてはいけない。理想的なのは、流れの中で満ち切ったところで自然発生的に離れることである。もし作為的な勢いを加えて離そうとすれば、ただ速く抜刀しようとしているのと同じ過ちを犯していることになる。そのため満ち切った瞬間を逃している射は、居着いているといえる。

そこで会を満たすために全身の詰合いが必要なのだが、特に重要なのが「五部の詰め」と呼ばれる5か所である。それぞれ左肩の詰め、左手首の詰め、右肩の詰め、右手首の詰め、胸の詰めを指すので、特にここの詰めに弛みがないか見取って頂きたい。

そして五部の詰めや会の満ち加減を窺い知る観点として、会での引き尺（矢束《やづか》）に注目する方法があり、以下の3つがある。

① 引く矢束

引分けた後も手先で押し引きして矢束を広げる様であり、手先で離れるため作為的な射になってしまう。特に手首の詰めが甘くなり、悪い意味で動けてしまう状態といえる。

② 引かぬ矢束

正しい詰合いで、心気が安定充実している状態。外見上は止まっていても中で無限に連続して伸び続け、機が熟すと自然な離れが生じる。各部位を詰めつつも全身を連動させ、正に利いている射である。

③ **ただ矢束**

引分けてもただ持っているだけで、伸びが失われた状態。維持しているつもりでも徐々に縮こまり、力尽きて離れてしまう射となる。全ての詰め所を固めてしまっている状態である。

これらの中で、「②引かぬ矢束」を目指して修練するべきである。特に外見上は動いて見えなくとも、中でどのように動き、利かせているかを見取るには、弓射の観察が適している。そのため見取る際にも、引かぬ矢束になっている者を選んで観察を密にするとよい。

◉途切れない行射動作とは?

射の運行も他武術と同様に、決して途切れてはいけない。そして、それを速さでごまかしてはいけないことは前述したが、射はそのゆっくりとした動作ゆえに本当に途切れやすい。流れが切れてしまうと、律動的あるいはメリハリのある動きになってしまう。

そのため、身体操作での流れが途切れるしまうことを悩んでいる方に対しては、是非とも弓を修練することをおススメしたい。そもそも途切れやすい弓術修練を課すことで、自身に潜在している流れを掘り起こし、構造体イメージを深化させることにもつながるからだ。

他武術における「練り」のように、止まって見えていても流れを切らずに動く射のイメージは、まさにアメーバ構造でなければできない。もし筋力だけでゆっくりやっていたら、それはダメな遅滞になる。ただのゆっくりではなく、底に循環している流れをとらえ、居着かないような動作でなければならない。弓射の観察から、流れがどこから生じ、どのようなルートで循環しているのかを見取って頂きたい。

ではそもそも、「なぜ流れが重要となるのか？」「居着かなければ止まっても良いのか？」という疑問も生じるかもしれない。この質問に対しては、流れることで、「常に新しくなる」ことを目指せると答えたい。先々に対し既存の最大公約数的な動作ではなく、新機軸の開拓につなげるためには止まってはいけない。だから常に流れていなければ、いつしか淀み、劣化すること必定なのである。

弓射においては、この淀みが見て取れやすい。そもそも弓界では、動作の全てを呼吸に合わせた「息合い」が重要視される。どこで吸って、どこで吐くかは流派によっても異なるが、離れの瞬間に吸わない以外は射手の裁量に任される。

そのため動作と呼吸を見ることで、その射手の追求深度が窺い知れる。すると呼吸の浅い者を見れば、「あぁこの人はこのステージで留まっている。おそらく今後も深化はあまり望めないだろう」という印象を持つこともあるかもしれない。一方で、動作の流れと呼吸を重視している射士からは、「次見たときには、今からは想像もできないほどの進歩を遂げているかもしれない」との期待感を感じ取れるはずだ。

◉内容のある射とは？

射において進歩や深化を期待させるポイントにはどのようなものがあるか、改めて考えていく。結論から述べるならば、一挙手一投足に本人なりの「意味」を求めて、稽古を深め続ける姿勢があるかどうかである。丁寧であること以上に掘り下げている様子があれば、自然と流れが生じ、隙は減る。一方、ショートカットのようにテキトーな所が1か所でも見え隠れしたならば、期待感は下がっていく。

もう少し具体的に述べるなら、筋肉ではなく骨で射ようとするのは現代射士の共通事項だが、それは理想ではなくスタートラインである。骨で射るのは楕円構造体としての完成体といえる。だから未だ最低レベルなのであって、そこからどのようにして深化させていくのかが重要になる。武術修練において、初級のうちは大きく動くことが求められ、外見上はきわめて機械的で無機的な動作である。一方で上級になるに従い、深く動くことで、動作の質はより有機的な匂いが生じてくる。

弓道では往年の射と比しても、どんどん大きく引き開き、大きく離れるのを是とする傾向があり、最近はそれを否定することすら憚れる。確かに大きく動くことは大切だが、いつまでもそれをやっていると内容が濃くならない。

亡師は「カレンダーみたいな薄っぺらい射はするな」と、よく話していた。学生であった筆者も、この言にだけはすぐに得心した。外見はそれなりでも中身がない射の謂《い》いであると。

では中身とは何なのか。構造体イメージの深化はもちろんだが、それに伴い外見上は同じように動いても、違う準備や異なった動作感覚の掘り出しを行っているかどうかであろう。

稽古で何射か射込む中でも、身体操作を少しずつでも変化させ、的中率以外の評価基準を多く有しているかが問われる。これを繰り返すことで、徐々に深く動くことに繋がる。すると例えば現代射法ではダメとされる右手首の背屈などに対し、あえてさせてみて、その是非は自分自身で判断するなどの実践智が積み重なっていくのである。

筆者の場合も生来多くの関節が緩く、一般流布されている射法では合わないことが少なくなかった。壁に当たる度に、自身のからだを実験材料としつつ、実になる知見を集めていった。

そして上達するにつれて、「常識だから」「皆が良い悪いというから」というように判断を他に依頼せずして、自身で判断する能力と手段を練っていかねばならないと強く思う。これがないと、オリジナルの深化は到底望めない。

この視点が不足していると、例えば「早く離してはいけない」という事柄だけが独り歩きし、やたらと会を長く持ってはそれを誇るという堕落をも生みかねない。これなどは居着きの観点や実感がなく、ピットホールに落ちている証左なのである。そのような頓珍漢な道を歩まぬよう、あくまで良否の判断は自分のからだで判断できるような射術こそ、中身があるといえる。

◉離れの後、両脇に隙はないか？

射法の武術的特徴として、視野外に右手を放り出す動作（離れ）が含まれることが挙げられる。弓道しか修練していないと特に疑問に思わないかもしれないが、一般武術の世界からするとかなりの不自然でもある。武術における多くの術は、自身の前あるいは見える範囲内で展開される。それは次の動作に最小の動きで素早く移行できるためでもある。

だから筆者としては、何があるか分からない空間に利き手を投げ込むという怖さを感じずにはいられない。そして、その緊張を踏まえた残心でありたいとも常々考えている。それは「投げ込んでも大丈夫だ」との場の掌握を切らさず、またたとえ襲われても「切り込めないような残心の姿でなければ」と強く思うのである。

翻って現代の安全な弓道場を俯瞰するに、確かに離れた右手に切りかかってくるような輩はいない。だからといって、無造作に動けば隙になる。多く射士において、離れた後の両脇に隙が表れている。残念なことに、練達者の中でも同様の現象がみられる。これはただ脇が甘いだけでは

隙のない離れ

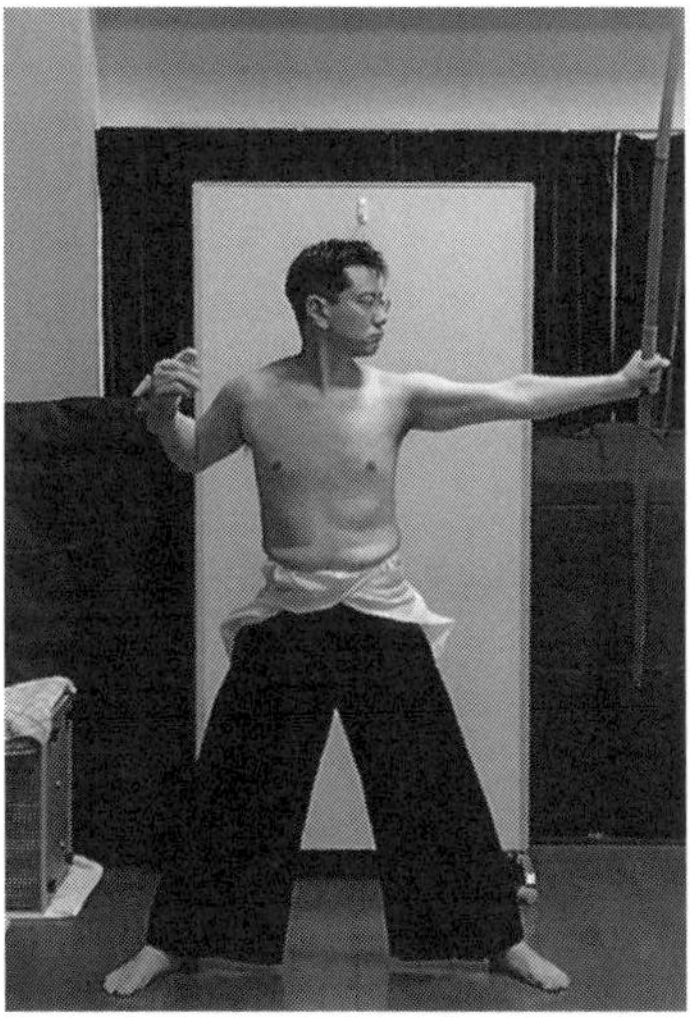

隙のある離れ

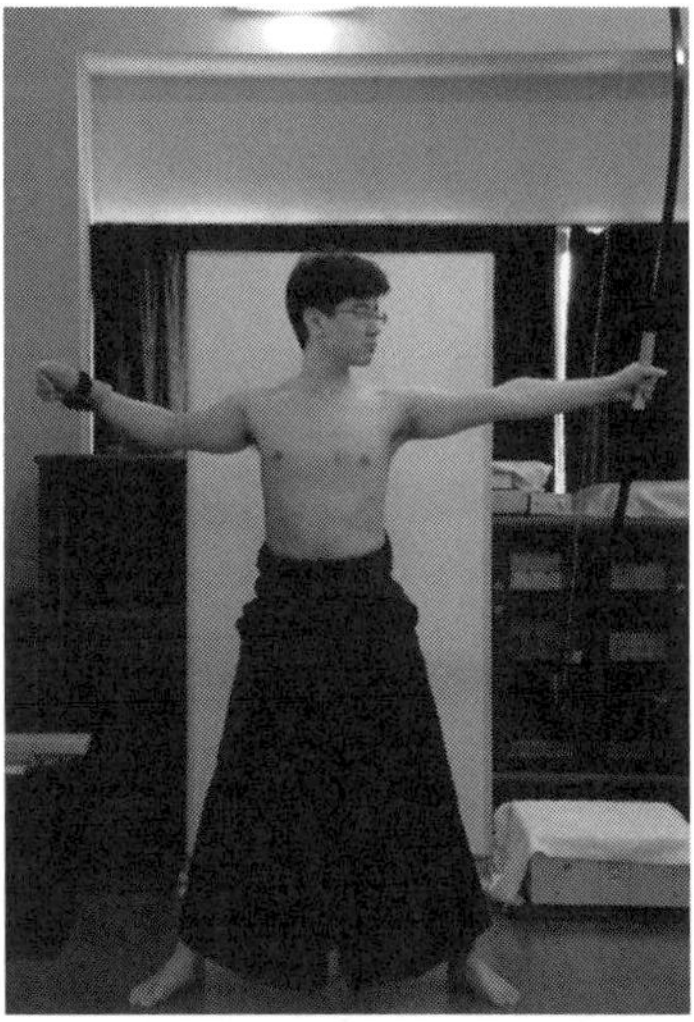

なく、不自然に大きく離れようとばかり考え、からだ全体としての機能的な張りが失われているのである。

もちろん小さく離れれば良いというのではなく、全身が統一体となって発矢出来ているかが重要なのである。もし両脇に隙が無い射士を見かけたら、他の一挙手一投足からも学ぶことが少なからずあることを保証する。

◉構造体イメージを見取る

身体の構造体イメージとして、ヒンジ構造体から不定型構造を挙げたが、これを見取る稽古は弓道が最も適していると考える。残念ながら多くの射士はヒンジ構造体か楕円構造体に留まっていることが多く、いわゆる体の部品（筋骨など）を組み上げるようにして矢

深い引分けと会

（2024 年筆者）

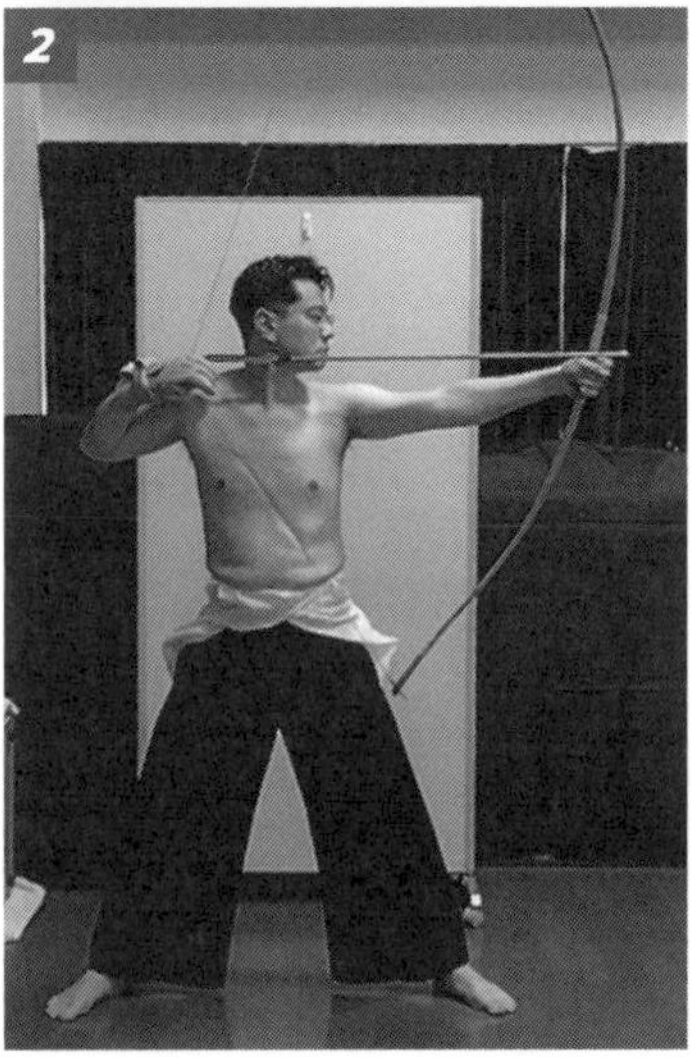

浅い引分けと会

（2009 年筆者）

を放っている。それに甘んじることなく、テンセグリティ構造体へのイメージ深化を志そうとしている「素振り」を察知できるかは、観察者のアンテナ次第でもある。

具体的には、射場に入る前にからだ全体をモゾモゾさせるような体動をしていたり、動きをより小さなものから拡大させたりするような試行錯誤をしている者には望みがある。逆に、終始大きい動きをより大きくしようとしているのは、居着きと大差ないとしてよい。

また引分ける軌道によっても見分けられることがある。現代弓道に多く見られる楕円構造体以下のイメージでは、各関節の連動がスムーズでない。手先を力まないようにしても、それ以外の所が突っ張ってしまうので、右肩が抜けやすくなり、引分けは浅くなり、会で右肘が真横に尖ってしまう（前ページ写真右列）。一方でアメーバのように統一体として引分けられると、その軌道は大きくなり、会での収まりも格段に深くなる（同左列）。

◉左右均等は幻？

明治維新以降、西洋哲学が流入してくるに応じて、「平等思想」があまねく広がった。それは社会的な場面に限らず、武術界にも影響したと筆者は考えている。つまり偏向よりは均等のとれた対称の方が尊ばれる風潮になっているといえる。

射法においても、左右対称や幾何学的均整の保持の思想は随所にみられる。部分的には正しいが、外見上の調整のみの言質とされている場合もあるので注意を要する。本来、複数の偏りが集合として均衡を保つのが自然であり、射法も同様と考える。

そのため、弓界で唱えられる左右均等というのは、あくまで右手が出しゃばらないための方便であると弁えるべきだ。だから外見上の対称性は機能と一致しないこともあるので、射手本人に限らず見る側にも注意を要する。例えば会での肩の位置は、右肩は少し高く、左肩は少し低めに見えるのが機能的であり、この逆はダメなのである。

◉一本目（甲矢）が重要

現行の射法では2射ずつ射るのが基本である。試合では4射単位となることもあるが、段級審査などでは2射のみである。その内1本目を甲矢《はや》、2本目を乙矢《おとや》と称する。甲矢と乙矢は同じ矢ではない。各々の矢羽根の向きと飛ぶ際の回転方向が逆になるので、陰陽の別を表しているともいえる。

その甲矢を射る際に、右手の小指のみあるいは環指ともども乙矢を持つようにして行射するのだが、一般的に甲矢がより重要とされている。そのため甲矢で練習し、乙矢で当てるというのではないことを周知願いたい。射術に限らず、何でも相対した瞬間の一発目が重要なのは共通である。そのため同じ的中でも甲矢の方が重要なのである。

見取りの際には乙矢しか当たらない者よりは、甲矢をしっかり中てている射士を優先して観察することをおススメする。そもそも右小指を締めるようにして乙矢を持っている甲矢の方が、的中は強い。逆に乙矢では弛みやすいともいえる。だから、乙矢を射る際に右手の小指や環指がもぞもぞと弛んでいるような射士がいたら、観察対象から外してかまわない。

以上示したように、現在の弓道家も他の武術家がこのような視点で我々の射から見取ろうとしていることを忘れてはならない。「なんだ、みんな出来ていないではないか」と思われたら、面目を失うこと必至である。

本書を通して、見取りに耐えられる射法の「復活」を期待したいし、自身も襟を正そうと強く決心した。

5 道具との関係性

武術の見取り稽古において、道具との関係性も無視できない。具体的な操作方法以外に道具との接し方にも注意を払う必要があるが、特に重要な点を挙げたい。

◉荷物のまとめ方、運び方で力量がわかる

移動時では出来るだけ手ぶらでいるのが機能的であるが、修練場面では武具や道着など荷物があることが少なくない。その時に纏まらない荷物を両腕で抱えていたり、歩きながらあちこちにぶつけていたりする者からは有用な見取りは望めない。

たとえ荷物が多くてもコンパクトにまとめ、荷物の重心と自身の重心を添わせるようにして颯爽と歩いている者がいたら、観察を密にしたい。機能的な荷物運びは投げなどの動作に直結するので、自分自身の荷物運びにも油断があってはならないし、それ自体が有用な修練になる。

同様に、道具の手入れが雑な者からも学びにくいといえる。なぜなら、道具のわずかな変化を察知できないセンスでは、自身内部への追求にも浅さが予想されるからだ。そのため道場内に保管されている道具類を見るだけで、その道場の質が推し量れることも少なくない。よって努々《ゆめゆめ》油断ないようにしたい。

◉道具自体の変化を感じ取れているか？

どの道具を用いるのであっても、使用者本人の身体構造イメージがテンセグリティ構造体以上でないと、道具との一体感は決して生じない。同時に、自身だけでなく道具自体も変化することに察知しなければならない。

例えば木刀や杖なども、しばらく使っていないと湿り気があって、記憶の中の重さよりも重く感じることもあるだろう。居合刀の柄などでは顕著に分かる。竹弓や竹矢などは時間単位で変化し、温度や湿度によっては稽古の最中でも大きく異なり、木刀などよりも変化は大きい。

その道具の変化に合わせていくには、自身に対しても敏感で柔軟である必要がある。もし道具を支配しようとすると、道具に限らず体も壊しかねない。よって、道具の聲なき聲を聴くための姿勢とアンテナの発現が常時必要である。

もし同じ道具でも重心や支点の位置を変えているような人がいたら、達人である可能性があるため重点的に観察するとよいだろう。

◉道具のことを知ろうとする態度があるか？

「道具との一体感が重要」とよく言われるが、本気でそれを目指しているだろうかと、改めて考え直したい。実際、生半可な姿勢や態度ではなしえないことだと思う。

まず道具のこと、道具を作っている人のことをどれだけ知ろうとしているか。その姿勢は嫌でも技に表れてくる。もちろんオタク的な知識の多寡を問うのではない。あくまで実践に益することである。これがないと、道具との一体感は永遠に味わえないと断言する。

もし分からなければ、自身で木片一つから木刀を削り出してみればよい。握りの加減は当然、強度を保ちつつ重心を考えるなどすれば、自身に合った木刀一つ拵えるのにどれだけの労力が必要なのか分かるだろう。また色々な道具の作成場面を、WEB上の動画で見るのもいいだろう。さすれば自身の道具への愛着だけではなく、諸々の道具に対して疎かには扱えないと心根を刷新できるはずだ。

これらを踏まえると、演武と称して無遠慮に木刀を叩き折るのは誠に下品であり、道具にも作者にも失礼千万なのが一目瞭然となるだろう。道具に学び、敬意をもっていたら決してそのようなことはしない。「力の見せつけ」は、武術家として最も控えねばならないことの一つである。もし躊躇なくやる者がいたら、その者からは学ばなくともよい。折らずに制する方が、遥かに上等であるはずだからだ。

百歩譲って、試割専用のバットなどを用いた表演ならば仕方ないともいえるが、折りっぱなしとならないように努めたい。要は自分で片付けて、割ったものに一礼ぐらいはすべきである。

第4章

ヒビカンのススメ

～日常に見取る

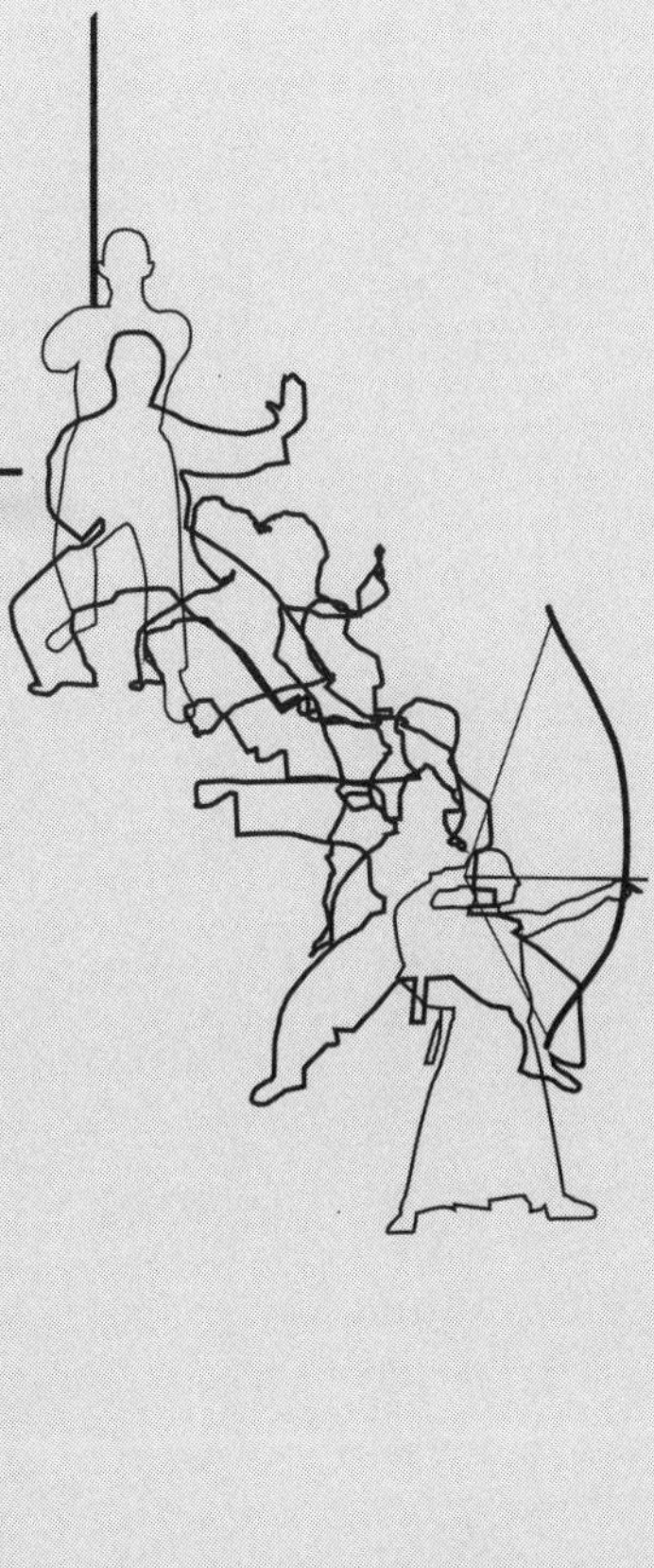

1 日々、観察に値するものばかり

武術修練はなにも道場で行うだけではない。もちろん技術習得にあたっては貴重な機会ではあろうが、向上のためのヒントは日常にあふれている。集めたヒントの是非を実験するのが道場稽古であると考える。この日々の日常や稽古場面での観察からヒントを抽出し実践することを「ヒビカン」と称する。

きちんとしたヒビカンができるようになるためにも、機能的な見取り稽古の習慣が必須である。ここでは、ヒビカン実践時の心得と、筆者が弓術修練において抽出してきた観察ポイント例を挙げる。

他者への観察眼は、自然と自身に向いてくるのでくれぐれも油断して見過ごしてはいけない。同じ事象でも、取り組んでいる武術や競技によって解釈や応用方法が異なってもよいので参考にしてもらいたい。

【ヒビカン実践の心得　10か条】

① 構造体イメージを当てはめて見る

自身における構造体イメージを深化させていくのと同時に、師や相手の構造体イメージを想像し当てはめていく。そしてテンセグリティ構造体以上のイメージを想定し、観察対象者内のラインを想像する。可能であれば、同様のラインを自身の体内でも再現してみる。

② 最も動く所ではなく、最も動かない所を見る

通常、最も動いている所（特に道具の先端など）に目が向くのは自然であるが、それでは見取り方自体が既に居着いていることとなる。そのため、「何をしたか？」ではなく「何をしなかったか？」を見ることも求められる。すると動き始めよりも、さらに前の状態への注目を深め、どんどん遡っていく見方となっていく。その際、観察対象者の技が成功した時だけでなく、むしろ失敗した時こそ重要な機会となる。

③ 伸びきった所、突っ張っている所を見極める

不要に力が入っている所を見出すだけでなく、体が部分的にでも伸びきってしまった所や、突っ張っている所を見出してみる。これらの箇所は正に居着きの温床であり、反面教師とすべきである。さすれば自身の観察にも有用となる。さらに深化すれば、相手を伸び切らせる、突っ張らせるための方策獲得につながる。

④　見立てる

見取ったものを映像のまま記憶しても、考察は深まらない。しかしながら言語表現は全てを網羅しないパラドックスもある中で、比喩や連想を駆使して想像をより感覚的に深めることが重要となる。例えば「猫のように身を縮める」「細竹のように撓む」「雲のように流れる」などの表現は、いちいち細かく表現しなくても伝わる要素があり、「わざ言語」とも称される。特に日本人は「見立てる」ことを好む人種でもあり、見立てる力が見取る力にも直結する。

⑤　自分自身から見取る

ヒビカンの対象は、何も他人からとは限らない。特に自分自身は最もリアルで重要な「教材」である。近年では動画撮影なども容易に行われるため、教材はあふれているともいえる。まずは自身の主観的な感覚表現と実際の映像をリンクさせてみる。その上で「良くなった所」が、「悪い所」として見えてくるまで見続けたり、または理想像と比較したりしていく。その際、くれぐれも自己愛的ではなく、あくまで批判的に臨むことが重要であり、他者からの評価との違いにも耳を傾ける。

⑥ 見えないモノを見出す

ヒビカンにおいて、外見上の姿勢・動きというのは情報の一部にすぎないと心得る。中の感覚は異なっていることが前提であり、可能であれば観察対象者の視野や聴取内容まで想像していく。その際に動きや心情にふさわしい音（擬音語・擬態語）を想像し、「音を見る」ようにしていくと感覚の深化につながる。

⑦ 外見上動作のマネは習い始めのみ

ヒビカンを通して得られた感覚表現を、自身の中で再現していくのだが、外見上のマネは最初だけでよい。あくまで生き写しを目指すわけではなく、自身における感覚深化や刷新が目的であることを忘れてはならない。マネにこだわり、逐次動画チェックするようなことはしてはならない。

たとえ徹底したマネを試みても、できないときの方が圧倒的に多い。しかし当初は覚束なかったマネでも、ある瞬間に上手く出来た時を大切にしたい。すぐに取り組み直して出来なかったとしても、今の方針で得られるものが近々あるかもしれないと自身を鼓舞していく。

ただし、速さでごまかしてはならない。むしろゆっくりできることの方が大切である。この点に関して、筆者は武術家の黒田鉄山氏の書籍や動画に多くを学んだ。具体的には重い刀を軽く振り、軽い刀を重く振るのである。弓術であれば強い弓を弱く引き、弱い弓を強く引くことになる。まずは出来ると思って取り組んでいくことで、からだが発見してくれることを期待する。

⑧ 複数の課題を同時に解決した方法は特に大事

修練を通して複数の課題が生じてくるのが常であろうが、それぞれに対応した改善では枝葉末節に陥る。全体像を見落としてはいけないのだが、時にヒビカンを通して複数の課題が同時に解決することがあるかもしれない。それをただのまぐれに留めず、なぜ同時解決したのかを省察することで、さらに術は深まる。自身が気づいていない点を明るみに出すチャンスと心得ておきたい。

⑨ 道具遣いから見取る

武術修練において、徒手だけでなく刀や弓などの武具を使用する場面も多くある。その際、「道具の操作方法」ばかりに注目していると、道具に居着かされてしまう。実際の道具の動きだけでなく、動く前にからだの中にどのような感覚が生じ、それを活かしているのかを見極める。

それをせずにただ主観的に道具を使うばかりでは、遅いばかりか隙だらけとなろう。ヒビカンで見取った道具操作もヒントにし、「道具そのものがどのように動きたがっているか？」という視座で見取り続ける必要がある。

⑩ 物から見取る

武術のセンスを磨くのは、何も人間や動物からだけとは限らない。自然現象や芸術品などにも多くのヒントがある。むしろそのヒントを抽出できるよう心掛けることで、イメージ力や表現力の幅が広がり、ヒビカン能力の向上にも直結する。

そのため筆者も時間があれば美術館や能楽堂、寄席などに足を運び、何らかの示唆を受けるようにしていた。最近では古田織部の水指『破袋』（五島美術館蔵）の、歪みながらも力強い姿にあるべき弓構えの姿を見出し、修練の糧にしている。

2 日常観察のポイント

① 歩行

技の本質や技量は「日常動作」にこそ表れる。その中でも歩行動作が一番表れやすい。歩行は、生涯の中でも最も多く実施される運動の一つであろうことに異論はないはずだ。そのため武術家

の中でも、歩行について述べることはよく目にするので、ヒビカンの最大発揮ポイントともいえる。

だからこそ自他の歩行観察を密に行うべきなのだが、漠然と見ていても何も得られない。特に観察対象が稽古中に道場を歩く姿よりも、道端での歩行姿の方が勉強になる。

まず「どこを見ているか?」そして「どこから動かそうとしているか?」「どこが固まって動きにくそうか?」「歩き出す直前に何をしているか?またはしていないのか?」「呼吸はいつ吸って吐いているか?」という観点を持つだけでも、歩行評価の土台が出来る。

とはいえ、最初はそれでもよく分からないことが多いはずだ。そこで他者間で比較するのである。道端で大きな荷物を持っているのに、歩くのが早い人がいるかもしれない。または高齢なのに早い人、若年なのに遅い人などの歩行を比較していくと新たな発見が望める。

そのようにして、視線の向きや腕の振りが異なることに気付く。正しいか正しくないかを批判するのではなく、このような観察眼を持つことで武術稽古場面での見取り力向上につながるのである。

慣れてくると、正面から向かってくる人に対しての間合いを測りやすくなったり、すれ違うはるか前から動向を探れたりするようになる。そして自身の動向を気取られないようにするにはどうすればよいかなどと、次々と課題を発展させられる。さすれば人混みの中を歩いて避けることで種々の勘を養成し得るようになる。さらに人混みで異分子を見つけるといった、観の目の発現にもつながるかもしれない。

② 起居

歩行動作に連動して、座る動作や立ち上がる動作というのもヒビカンのポイントである。筆者は学生の頃から電車通学・通勤なので、よく観察をしていた。そして座り方と立ち方の共通性に気付いていた。例えば、頭を前に大きく突き出すようにして座る人は、立つ時もその逆モーションになりがちになる。このように座り方が分かると立ち方が想像できるので、補助はもちろん妨害も可能になるだろうと見て取っていた。

一方で修練の深いであろう人に対しては、細かい所が想像できなかった。それは何も武術家だけではない。茶道か華道をやっていそうな人、何かしらのダンサーやパフォーマーからも起居には学ぶべきことが多い。特に立ち上がる瞬間がつかみにくい印象なのである。いきなり立ち上がり、不意を突かれるような感じですらある。

卑近な例だが、筆者は30歳頃の時、タクシーに乗る度に「茶道の先生ですか?」と尋ねられることが急激に増えた時期があった。「いえ、通りすがりの一精神科医です」とは答えないまでも、なぜそう思われるのかと非常に興味があった。

当時、茶道の経験は皆無に近かったが、いずれの運転士に尋ねても、どうやら筆者は躙り口を通り抜けるように乗車していたらしい。そのような動作は全く意識していなかったし、稽古もしたことはなかったが、他者を見取っているだけでも、自身に変化が起こりうることを痛感した。

また電車のつり革に対しても、握り部分をいかに強く握った所で体勢の安定は図れないのは当然である。しかし往々にして手をしがんでしまう。これでは手に力を入れるほどに、かえって不安定になる。さながら酔っ払いの握りのようになるだろう。

つり革に対しては決して強く把持してはならない。「ぶら下がる」という感覚を霧消させ、つり革を持っていても頼らず、電車の揺れに対して常に先を取るように体勢を構えることが重要である。このように電車内はヒビカンのポイントにあふれている。

③ 高齢者・視覚障害者の杖操作

筆者は仕事柄、杖を持った方に接することが多いので、よく観察している。特に杖が先に動くのか？それとも足が先なのかで評価が異なる。同一人物でも体調によって異なることがあり、その違いにより不自由になっている箇所を想像することもある。

これは道具遣いにも通じる。例えば、武術家として足を怪我しているのを気取られるような構えや動きを晒してはいけないと強く思う。そのため、杖を使っている人の歩行や杖操作を見取ることはとても有用である。

同様に、下肢を骨折した患者さんの歩行具合も、回復に伴い変化していくのも見取るようにしている。一方で、ある時にケガをしているわけでもないのに、何となくいつもより歩き方のバランスが悪いなと感じた患者さんがいた。その時は何事もなく帰宅されたが、数日後に初めて転倒して骨折したという話を聞き、注意を促しておけばよかったと後悔したのも1回や2回ではない。そのため最近では気付いたら、必ず指摘するようにしている。

一方、視覚障害者の白杖操作は全く異なる。白杖操作の目的は、自身の転倒予防ではなく、触覚を頼りに「場」を掌握することである。そのため白杖先は手先（指先）と同じ、またはそれ以上の敏感さを有する。時として白杖先が何かに触れる前に、察知して止めるまたは杖先の向きを変えることがある。これも「先」を取っている。正に用に応じて身につけられた術であり、敬意を表さないわけにはいかない。このように白杖操作は、通常の杖操作でははるかに及ばない次元の感覚で展開されている。

④ 乳児を抱える母親の腕

乳児を腕で抱《だ》っこするというのは、色々と特徴のある動作である。これはきわめて愛護的であり、かつ柔軟な抱えが求められ、経験がないとかなりぎこちなくなる。その不安定感は乳幼児を敏感にさせ、泣かせてしまう場面はよく目にする。おっかなびっくりで抱っこしようとすると、「落としてはいけない」「どのように動いてくるか分からない」などの緊張が抱える腕のみならず全身に及ぶ。なんなら心拍数も上がっているだろう。

一方で熟練の母親や専門職の抱っこでは、腕と乳児との接触面すべてにセンサーが働き、まさに硬くならずに包み込んでいる。乳児のわずかな反応にも間髪入れずに対応し、かつ彼我の姿勢を崩さない。決して胸を張り出さず、柔かに包み込むような「抱え」にはアメーバのような粘性を感じさせる。

たとえ挙児経験がなくとも新生児担当の医師や看護師、保育士なども「素人」よりは別格の抱え方をするので、惚れ惚れする。抱えたものの弱点を漏らさずに把握し、保護しつつ自身も無理のない姿は神々しくもある。これは、身体をテンセグリティ構造体以上のレベルで遣っているからだ。児に限らず、荒れる動物を扱う業種の方たちも同様のからだ遣いをしているように見える。

この熟練者が乳児を抱えるようなからだ遣いを、弓や刀の構えに応用できないか考えたこともあった。武具などの手に持ったモノを生き物として扱い、わずかな変動に対して敏感に反応しつつも力んで支配しないようにする。すると適度な緊張感が、力まず弛まずの絶妙な握りを生み、苦労していた手の内（左手掌で弓を握る動作）の改善をみたことがある。

⑤ エレベーターのボタン

エレベーターのボタン操作も、本当に何気ない動作だが、実はなかなか奥深い。慣れていない幼児は緊張しながらも示指でボタン中央を力強く押そうとするが、その強弱は毎回異なる様子である。何なら息を止めて肩が上がるようなこともある。長ずるにあたって、無意識に押すようになるが、その時に肩を不要にまくり上げたり、あえて小指先で押したりするようなことはない。しかもボタン中央を意識せずとも外さない。

筆者は弓射でこの境地を展開できないか模索していたことがある。すると的に矢を射込むのではなく、射込む先に的が常にある感覚が生じるようになった（実際の的中率向上とは別の話……）。

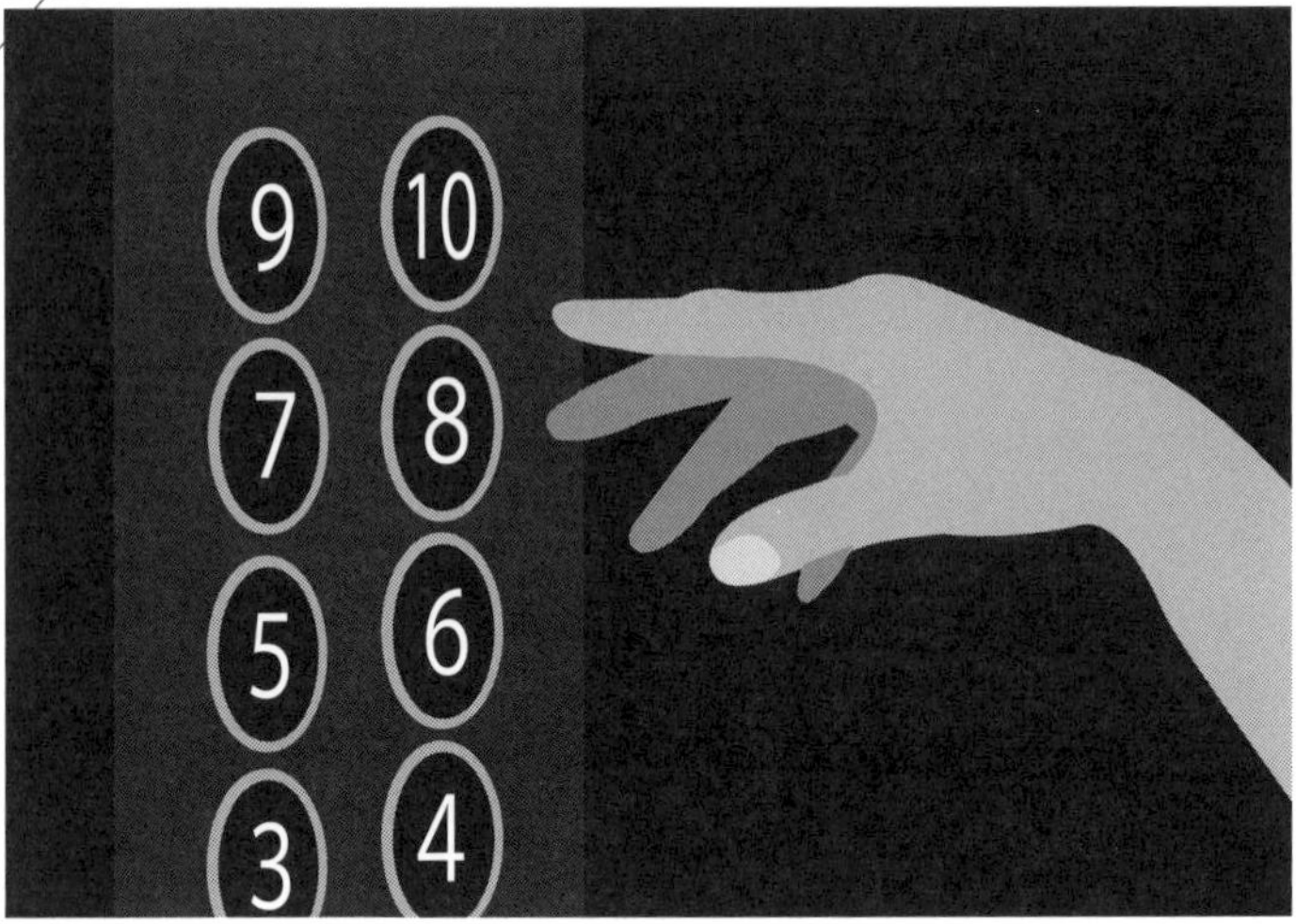

そしてボタンを押す際は拇指や示指ではなく、中指を用いるのが最も自然な動きであると感じるようになった。そして中指を主に上肢を操作することで、からだの自由度が高いという感覚を得ていた。むしろ示指で押す姿勢は居着いているように感じてしまう。手首が固定され、体幹との連関が切れているからだ。そのためスマホの操作も中指で行った方が、姿勢が良くきまる感覚はないだろうか。

このヒビカン以降、手の内も中指の機能を主眼において稽古するようになり、現在に至っている。刀での握りも同様であり、むやみな拇指と小指の対立はしなくなった。

余談だが、娘もつかまり立ちをする前からおもちゃの刀を振らせていたが、中指を中心に握っているのを見てほくそ笑んでいた。

⑥ エスカレーターの手すり

エスカレーターの手すりも面白い。特に手すりを見なくても、何ならよそ見して雑談しながらでも持ちそこなうことはまずない。人間工学を駆使したデザインの賜物(これもアフォーダンス)ではあるが、導かれた動きには勉強すべきことが多く含まれている。

そこ（手すり）に自然と手が出てしまうとは、その姿勢が誘われた形であり、本人としては疑いなく動いていることなのである。これを構えに応用しようとするのも自然な流れであろう。持っている道具に対して、導かれるような取り方、構え方ができるかを探るのである。もしくは指導場面で技をかけさせる際に、いい姿勢を導く参考にもなろう。

つまり指導者が「有機的な手すり」になりきるのである。さすれば逆の応用もできよう。自身が手すりになりきって、勝手に手を出してくるように誘い、技をかけやすくすることにも展開できるのではなかろうか。

筆者も駅やデパートのエスカレーターでよく眺めていた。無意識に手すりへ手を伸ばす時に、どこから動かしているのか？全身（特に下肢）との連動はどうなっているのか？反対の手に荷物を持っているときはどのように違うか？など、ヒビカンのポイントは無数にある。

印象としては、不自然な姿勢（特に捻れ）を避ける動きがある印象であり、これは駅の自動改札でも同様に観察できた。ほとんどの自動改札機は右利き用に設置されているので、右手でカードを持ち、右側の機械に押し当てる。これを左手でやると、体幹に捻じれが生じ、前に歩きづらくなる。それでも立ち止まるわけにはいかないので、居着きながらも前に進むのであるが、実に気持ち悪い。

この姿勢や感覚を組手相手に生じさせることができたら、制圧もさぞ容易なのではないかと思えて仕方ない。そして、その気持ち悪さが生じないような自身の姿勢や操作の追究を行うヒントになるのである。そのため、疑似的に「死に体」や「居着き」を体験したければ、右利きの者は時には左手を使って自動改札を通ってみるとよい。もちろん、混雑時は避け、チャージは確実にしておいてほしい。

一方で左利きの者は、日常的に死に体姿勢を強いられている機会が多いのかもしれない。それでも支障なく過ごすことで、体遣いが右利きの者より細やかで上手い可能性がある。

⑦ 茶碗や箸を持つ時の肩と腕

箸を操作する動作も、歩行と同等に日常的な動作の筆頭であろう。慣れない子供や外国人の動作をみると、箸先ではなく把持している部分の操作に逡巡している印象である。これも重要なヒントである。刀であれば柄の握り操作に終始し、剣先（剣全体）の動きへの意識が薄れていることと同義であろう。そのような時は得てして手先に力が入り過ぎ、それを支えんと肘が固まり、肩が浮くのである。まさに道具操作によって居着かされている。

茶碗を持つ姿勢も重要である。行儀の良い方は犬食いをせずに、きちんと茶碗を捧げ持つであろう。そのときの腕の形には、なんともいえない柔らかさがある。食事が進むにつれて、重さが変化しても常に同じ使いやすい位置を維持し、かつこぼさない。当たり前のことかもしれないが、実は奥深い動作である。そのような姿勢で、動き回る相手の腕をつかめたら新しい感覚が生じてくるのではと、期待せずにはいられない。

これらは西洋人がナイフとフォークを造作なく使用するのと通じる。無闇に肩肘を張らず、最小限の動きで料理を捌き、口元へ運ぶ動作は実に機能的である。

食事場面に関連して、レストランのベテラン給仕がトレイを腕全体で捧げ持つ姿にはいつも目が奪われる。体軸と水平面の利きが溢れているのはもちろん。方向転換時の遠心力に対応した傾け方は、いろいろと応用が出来そうと感じていた。特にトレイを持つ腕の肩は絶対に上がらない。肩が上がっては腕で持てないのだ。そして懐が広いため、腕が柔らかくかつ長く見える。

この体幹と腕遣いは弓道の構えに応用した。胸前面（懐）をつぶさないように心がけるのだが、どこか一点でも力むと途端に胸が詰まるのである。

筆者も学生時代に、自宅内で１００円のプラスチック皿とトレイで練習したことがあるが、カトラリーがあると途端に難易度が上がるのに辟易した思い出がある。少しでもトレイが斜めになると、急に流れ落ちそうになる。そのため水平面感覚の養成に、皿とカトラリーをトレイに載せて歩き回る稽古も武術技能向上に効果があるはずだ。ちなみにカトラリーが滑り落ちないような載せ方は後で知った……。

⑧ 書字時のペン先

トップアスリートがサインする場面をよく目にするが、ここもヒントの宝庫である。特にカメラレンズに向かって殴り書きにする姿は、ただかっこいいだけではない。多くは各競技の実施後なので、アスリートはいわば「出来上がったからだ」で書いているといえる。

この姿は机に噛り付いて書くのとは全く異なり、肩や肘もおおらかに、むしろからだ全体が弾むようにして利かせたペン先の動きは芸術的ですらある。どれだけ雑に動かしたとしても、「絵」になるのだ。ペンそのものにも縦線があり、それを把握しているかのようである。

もちろん書き慣れた自身のサインなのではあるが、一気呵成の筆遣いは速くも粘って切れ目のない動きである。なかなか真似しようとしてもできなかった。まずペンを強く把持していないことが注目すべきところである。実に軽やかに持っている。おそらく本番でも道具を使う競技のアスリートは、その軽やかさを保ったままモノを持ち扱っているのであろう。

⑨ 打者（野球）のファウル

筆者はテレビで野球中継を見る際、以前は投手の配球や、バッテリー側と打者の「気の交換」がどのようになっているかを中心に見ていた。すると攻めているはずの投手が、誘われるように打者の得意ゾーンへ投げさせられている場面などがよく分かるようになった。

そして最近では打者のファウルに注目している。バットを振り遅れたり、打ち損じたりするファウルもあるが、時に意図的なファウルを目にする。これは簡単なようで、なかなかできない。高校野球などでも強豪校レベルではしばしば目にするが、トッププロのそれは段違いである。

有能な打者はバッターボックスに入る前には「場の掌握」を済ませ、投手や野手の呼吸を読む。それらを通して配球予想をし、バットを振り意図的なファウルを得るのだが、すべてが難しい。中には天才的に、何も気にしない選手もいるかもしれないが、ファウルには非常に興味がそそられる。

通常、ファウルを打ってストライクカウントが増やされるのは、「追い込まれている」と評価される。確かに投手との力量差や試合状況によっては、その評価は概ね正しい。しかし、後にしっかりと打ち切るためにファウルを打つという観点を持つと、途端に世界が違って観える。

例えば、敢えて大きな空振りをしてバットに球が当たらずともタイミングを図り直したり、球筋の見極めをしたりすることは十分にあるだろう。加えて、相手を攪乱させるためのスイングや見逃しもあるはずだ。その中でしっかりと振り切って、タイミングよくファウルを打たれれば、たとえストライクカウントが増えたとしてもプレッシャーを受けるのはバッテリー側なのであり、彼我の立場が確定されてしまえば「投げる前に打たれる」雰囲気はTV画面からでも感じ取れる。このとき、バッテリー側はすでに居着いているのである。この一連を通して感じ取れる呼吸や間の取り方は、武術での感覚と符合するはずだ。

この見取りは、剣道の鍔迫り合いや柔道の組んだ後などの場面に応用できる。両者の呼吸をうかがい知るのは当然だが、時に片方の者になりきって、どのような動き合いになるか頭ではなく感覚で想像するのである。本来は画像からは察知できない力感や熱感なども気配察知の情報源となるのだが、想像に想像を働かせてヒビカンに繋げる努力はムダにはならない。

⑩ 配達員や引越し業者のからだ遣い

重い物を少人数で素早く運ぶ姿にも、学ぶことが多い。一人で重い冷蔵庫などを軽々と持ち上げる様は、まるで魔法使いのように見えることもある。彼我の重心位置の把握が絶妙なのである。そして持ち上げたものと自身のからだ大きさ（幅）をしっかり認知し、ギリギリの廊下でも過《あやま》たずに、しかも危なげなく運ぶのである。この場面にも「場の掌握」がしっかりと発揮されている。

もちろん慣れないスタッフなどは筋肉痛や腰痛を呈することもあろうが、熟練者の動きには無駄がない。先の重心位置もあれこれ探ることなく、初めて触った途端に把握して、いきなり持ち上げられる技術には脱帽だ。

おそらく位置を探れば、感度がぼやけるのであろう。筆者も重い振り棒に対しては、持つ位置を毎回少しずつ変えて稽古することもある。その都度、変動する重心までの距離を一発で察知し、扱えるような修練を課していた。弓に関しても、一日の稽古においてできるだけ複数の弓を使用するようにしている。同じ弓ばかりで稽古していると、いつのまにか馴れ合ってしまい、術への感度が下がる印象があるからだ。

木刀や刀も同じである。例えば負け戦の戦場で刀が折れ、落ちている刀（長さも重さも不明）を拾ってそのまま斬り合いに向かう場面を想像してみればよい。当然のこと素振りなどをしている暇はないので、見た瞬間または持った瞬間に手掌から感じた重さや質感から、いきなり重心を察知しなければならない。さもないと往年であれば間違いなく死んでしまう。

これも柔術などで投げる際にも、探らず組んだ瞬間にいきなり察知できなければならないはずだ。そのためには重い物を持ち上げる動作も、有用な稽古になるだろう。ただし、ただの筋トレではなく、重心の探り合いが主目的であることを忘れてはいけない。

同様に、相撲の立ち合いなどでは、それを観察するのに最適な場面である。

⑪ 男性の小用場面

言うまでもなくトイレ場面は無防備の特異点である。特に立ちながらの小用中に、背後から襲われたらひとたまりもない。かといって排泄欲には勝てないので、公衆トイレを使用するのは仕方ない。

駅などのトイレで並んで待っていると、時に一味違う背中を晒している人がいる。その人には間違っても、後ろから攻撃することはかなわないような雰囲気を出している。それに関連して、自身も高校生時代に校舎内のトイレに入った途端に、異様な雰囲気を察知したことがあった。果たして背にオーラを発していたのは、ＯＢの元総理大臣であった。小柄ではあったが、首脳級のオーラはさすがと圧倒された記憶がある。ＳＰはいなかったが、とても勝てそうになかった。自身の小用中の後ろ姿は見たことがないが、隙を晒さないための重要な稽古機会にしようといつも心掛けている。

またこのオーラに関して、他にも印象深いエピソードがある。忘れもしない2011年2月、同社の取材を初めて受ける時の早朝であった。その日、ある武道館の前を通って現場に向かおうとしていた。その武道館に通じる道に一歩踏み入れた瞬間、重い空気の塊を全身で感じたのである。最初は不意のことで何のことか分からず、いきなり落とし穴に落ちたような心地であった。

200mほど先に一人の男性が歩いているだけであった。

空気の塊には動物的な気配があり、その男性が発しているものだろうと察し、体躯の割に軽やかな歩行であり警戒した。互いに近づくにつれ緊張感が高まったが、その男性の顔には覚えがあった。果たして剣道の全日本で優勝された方であったのだ。

この話には後日談があり、数か月後電車内に座って本を読んでいた際に、同じオーラを感じたことがある。とても息苦しい感じであたりを見回したが、他の乗客に異変はなく、自身だけが重苦しい感じを受けているようだったが、直後に止まった駅から乗り込んで来たのが先の剣道家であった。本を読みながら「周辺視野」で彼の起居や歩行を観察し、先に降りられてはじめて、ほっと息をついた。普段より観察のためのアンテナを張っているために、察知するモノがあったのであろうと思う。

⑫ 階段昇降

筆者は大学病院へ通勤する際に地下鉄を利用していたが、出入り口の急な階段を稽古の場にしていた。段数としては片道で100段ほどだったが、日によって足の疲れ方が全く異なるので、稽古と同時に観察を行うことが多かった。

経験上、一段飛ばしよりも一段ずつチョコチョコ上る方が疲れにくい。そしてスムーズに上っている人を見ると、足底全面を地面に付けることなく、概ねつま先部分優位に体重を乗せている印象であったので、自身も色々実践した。その中で、頭部が上下にジグザグと動くとダメであり、エスカレーターに乗っているように等速で直線的になるのが望ましいと自身のからだが教えてくれた。

この感覚は平坦で舗装された道だけの歩行稽古とは異なり、水平面の移動と垂直方向への移動を同時に研鑽することと同義であると気付いた。同様の視点で、山岳修行者やベテラン登山家の動きも参考になった。

ただし階段を上るように刀を振り上げればいいのか？などという短絡的な解釈ではない。むしろ階段昇降を通して、自身を三次元的な立体物として把握するのに役立つ印象であった。すなわち階段昇降分だけ重心が移動することをリアルタイムで察知できるようになるのである。

そして階段を何段か降りるような仮想的重心移動を展開することで、投げられにくくなるのではないかとも考える。もしくは相手から自身の重心を察知されにくくなるのではないか。

⑬ 横断歩道での1歩目

歩き始めの一歩目というのも学ぶ点が多い。柔道の出足払いなどではまさに狙い目になるとの想像も難くない。

ヒビカンのポイントとしては、横断歩道で信号が青になった瞬間にある。向こう岸から最初に歩き始めそうな人を素振りや気配から察し、その人が左右どちらの足から動き始めるか見切るのである。

利き足から出る場合もあるだろうが、状況によって異なるだろう。急いで前傾姿勢になり過ぎている人ほど、一歩目が力んで小さくなってふらつく場合もある。高齢者等ではそれが転倒の原因にもなるので、我々医療従事者も最初はゆっくり動くよう指導している。

また一歩目を踏み出す前に、左右を確認できている人とそうでない人、または踏み出しながら左右を確認している人らとの違いも見抜きたい。筆者の印象としては、確認しながら踏み出した足は浮いているように見えるので、術をかけやすいのではないかと思う。

また横断歩道場面と同様に、電車内で空いた座席に向かう人の動きもヒビカンのポイントとなる。席に対して近い方の足から踏み出した人が、席を得られやすい印象である。遠い方の足からでは体幹を捻じることになり、結果的に出遅れてしまう。これもナンバの応用といえる。

⑭ 買い物かごの持ち方

筆者の苦手な場面の一つが、スーパーやコンビニで買い物かごを持ち歩くことである。老若男女問わず経験のある場面なのだが、なかなか難しいことに気付けているだろうか。

そもそも、かごの形状からして頭上に載せたいところだが……日本の常識では手で持つか肘にかけるしかない。そのため実に居着きやすい。かといって意地でもカートは使わずにいる（今のところ）。だから毎回スーパーに行く際は、修練の場に臨む気概でいるのは武術家あるあるだろう。商品を入れるごとに重くなっていくかごに対し、持った手にいくら力を入れて疲れるだけである。持つ手の形も色々変化させて、手先ではなくできるだけ体の中心に近いラインを通す姿勢でなければならない。

買い物かごで鍛錬したいからと、米や水ものなど重い物から先に入れるという武術家が絶対に生息しているはずだ。スーパーで同じ穴のむじなを見つけると、声をかけたくなってしまう。

⑮ 時計・スマホを見るときの隙

時計の位置にもよるが、時間を知るためにふと時計を見上げる動作には隙があるように見えるのは筆者だけであろうか。「時計を見ようとする意志」と「時計位置」の両者から、居着かされる感覚があるからだ。

最近ではスマホで時間を知ることが多いためか、顎を浮かせて時計を見る機会は減ったかもしれない。しかし筆者は、銀座和光の時計を見上げる観光客の顎の浮きが気になっていた。「あの姿勢になったら倒される」とか、逆に「あのように顎を浮かせれば倒せる」と思わざるをえないのである。そして、「見えない時計を見させるような導き」を生成する努力をしようとも考えている。

一方でスマホをのぞき込む姿勢も、それ自体がすでに居着いている。視野を狭め、指先の動作を強要されている姿勢は全くもって気持ちが悪い。持ちやすく操作しやすい形にデザインがされているはずだが、ストレートネックや頚椎症の原因にもなるスマホの形状には改善の余地が大いにあると思わざるをえない。

そのようなスマホだから、武術家としての隙のない持ち方はないものかと、各自が考えてみるのも面白いはずだ。浅学の筆者としては、居合での抜刀直前または納刀直後の姿勢が応用可能と考えているが、他にも思いもよらない姿勢が生み出されるかもしれない。

⑯ 掃除機の操作

昔の掃除機はやたらと重かった思い出がある。しかもコードレスでなかった頃は、ホースに連なる柄を握りつつ、間接的に本体を転がしていた。この間接的な引っ張りには学ぶことがたくさんある。無闇に引っ張っても、本体がその場で旋回するだけでイライラしたことのある人は多いはずだ。柄部分⇓本体とホースの接合点⇓本体の重心（回転中心）がラインを形成するように操作しなければ思うように動かせないのは、多分に示唆に富んでいた。

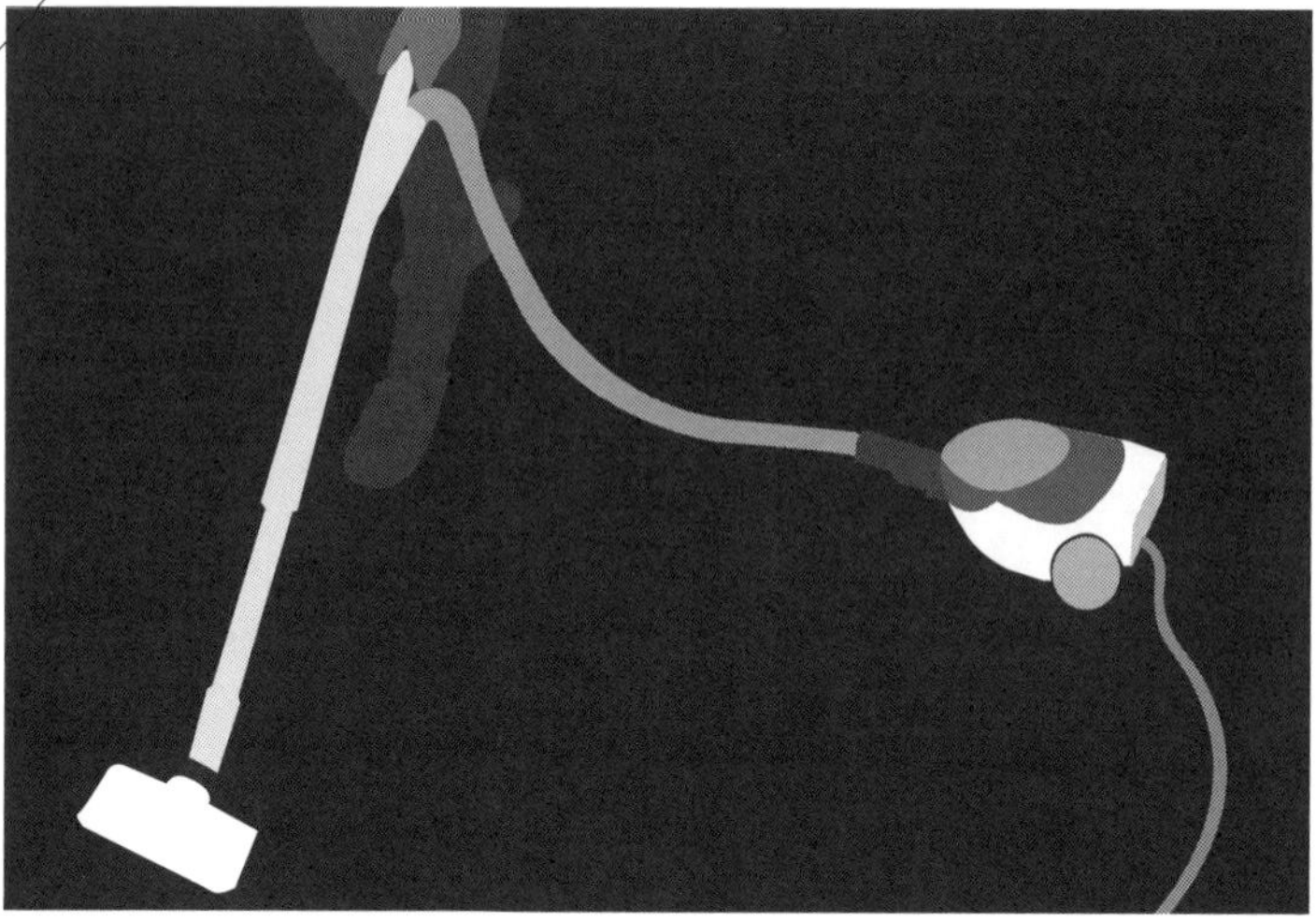

例えば相手の腕を掴む際、自身の重心⇓自身の腕⇓相手との接触面⇓相手の重心などがラインで繋がる感覚が生じる。その上でそのラインをどのように活かすかは、武術の種類によって扱いは異なるであろう。だから昔の掃除機の操作が下手な者は、武術でもセンスは悪いはずだ。

一方、最近のコードレスで軽くなった掃除機からも学ぶことはある。手首や前腕だけで操作するとすぐに疲れる。少なくとも本体の重さのほとんどを地面に預け、使用者はあくまで多少の方向付けのきっかけを与えるに過ぎないという感覚を養成したい。そして、手先の把持で掃除機を押し引きするのではなく、あくまで足腰から操りたいものである。

このような視点でモノを扱う実践を繰り返すと、他者の道具遣いから見取ることも出来るようになる。例えば、構えた形が同じでも、重力との関係性の程度などを見抜けるようになるだろう。道具遣いに関連して、料理人の長い包丁さばきにも学ぶことが多い。通常は刃筋の立て方と切り口ばかりに目がいきやすいが、それはごく一部分である。見取るべきは手先の道具との一体感や、体幹と素材との向き合い方にある。からだ全体で切る（斬る）ことに三昧となる姿勢にこそ妙が潜在する。

⑰ 利き手の想像

実は精神科の診療場面でも、利き手の聴取は頻繁に行われる。特に認知症や言語・運動障害のある方が介護保険申請等をする際には、医師による利き手の記載が求められる。また画像検査で脳の萎縮を判別する際にも、予め利き手の情報が必要になるからだ。

そのためか、利き手の想像は筆者のヒビカンの中でも歴史がある。

例えば前述したエレベーターのボタン押しや、エスカレーターの手すり、自動改札場面などで前を歩く人の利き手はどちらなのか想像してみる。もちろん手荷物などの状況により、必ずしも利き手で操作するとは限らないが、不意の動作というのは読まれれば隙になるので注意を要する。まずは自分とは異なる利き手の人を探すのが分かりやすい。自身にとっては不自然な姿勢や動作というのは察知しやすいからだ。

筆者としてはよく見切れるようになったなと思った途端に、全然分からなくなるようなことを繰り返している。

⑱　重く動くとき

スルスルと軽やかに動くことが最良とは限らない。意気軒高でもかったるそうにしていて、いざ動き出すときは軽々と動けるのが大切である。

筆者は剣道の中倉清先生の動画をよく観ていたが、先生はやたらに動き回ることはなく、見取り当初は一見すると手を抜いているようにさえ見えた。しかし機のとらえ方は絶妙であり、重心が浮かず、全身をいつでも満遍なく動かせるような状態を維持しているため先を逃さない。

このことに気付いてからは見方が変わった。先生は常に少しの動きで先を取り、時には制圧にまで至っていた。見取りを通して、見た目の重さが居着きでないことを確信したのである。

これに関連して、筆者は相撲観戦する際、気や呼吸の交換とともに足先（指）と足底に注目している。足趾はやや反っている方が、足底が浮きにくいように見て取れる。そして、つま先を屈曲させるように踏みしめて踵が浮きやすい力士ほど、着けているサポーターが多い印象がある。末端が力めば、より中心に負担がかかりケガをしやすいのであろう。見かけ上の速さを求めるばかりが是ではないのだ。

主観的に速く動こうとすると、かえって遅くなるものである。逆に「まだまだ遅いなぁ」と感じている時ほど、外から見て速いこともある。このように、自身の内外での評価は一致しないものなのである。当然のこと、居着きが強固で本当に遅い場合は、内外いずれからも遅いと評価される。

⑲ 手術場面にて

医療の手術場面は、ごく一部の医療従事者を除いて日常場面ではない。しかし武術の工夫が実地に活きた経験があった。それは筆者が産婦人科にて研修していた時のことである。人手が少なかったので、長時間になる手術には助手として入ることが多かった。

助手の役目の一つとして、手術野を確保するために、切開した皮膚組織や臓器をL字型の鈎（筋鈎）で牽引圧排することがある。意外にも生体組織は重く弾力があるため、片手で長時間にわたって筋鈎を用いるのもキツいが、両手で左右に開き続けるのはさらに骨が折れる。だからといって弛んで手術野が狭くなったり、臓器が動いたりしてしまえば術者の手技精度にもかかわるため、補助とはいえ油断はできない。

通常は筋鈎を両手順手で持ち開くので、一見すると弓構えか、二天一流「五法の太刀」一本目中段に近似していると考えた。そこで弓構えにおける羽引き（矢を番えた後に両腕を張りつつ少

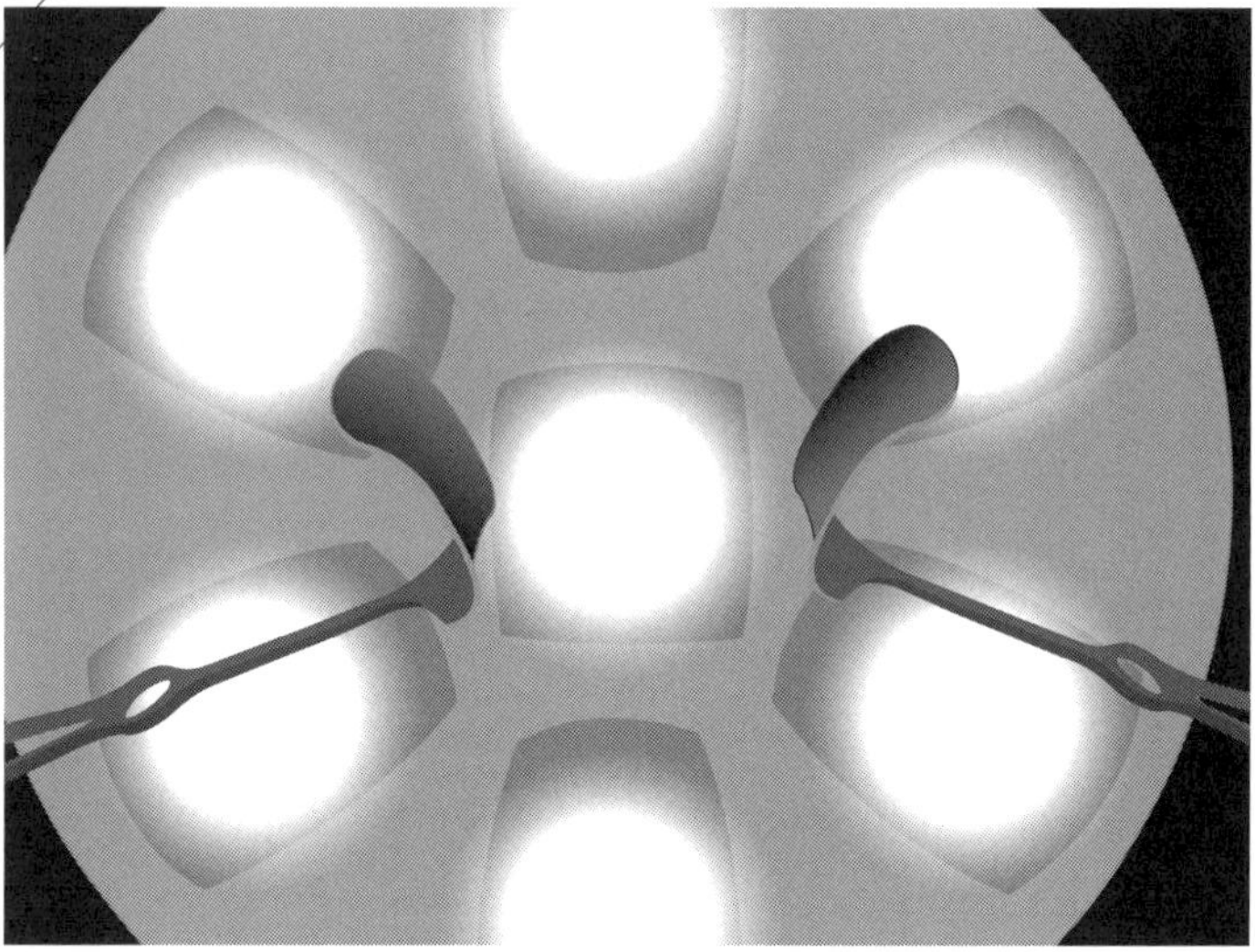

し開く)をイメージして補助を実施していた。
　確かに、これだけでも弛みは減ったが、長時間には耐えられず術中に腕が振るえることが多かった。そこでとっさに両手逆手に持ち変え、手の内は滑らないように工夫しつつ、空手の三戦の構えをイメージして持ち開いたのである。これが妙にハマり、揺るがず弛まずに長時間の補助が可能となった。
　もちろん空手素人の筆者が展開しているのは三戦モドキではあったが、この機転が医局内で注目され、長時間の手術のほとんどに入ることになった。それこそ終日手術室で三戦をしていたようなものである。さらに上級医から、他の若手医師にこの「三戦式筋鈎持ち」を教え込むよう指示され。しばらく医局内で三戦指導のようなものが行われたのは言うまでもない。

未熟者がフォームを変則させるのは必ずしも良いことではないが、「アンテナを張り続けて修練と観察を続けていれば何かの役に立つ」と実感したエピソードである。

⑳ 乳児の寝返り

乳幼児は大人のように筋トレはしないし、できない。だが生まれて1年もすると体重は倍にもなるが、ある日を境に立ち上がり、歩き出す。特に障害がなければ自然のことかもしれないが、実に不思議である。

急に出来るようになったように見えても、その準備（ハイハイなど）は着々とされていたに違いない。特に乳児の寝返りには学ぶことが多い。臥床しながらも、常にウネウネと体幹を柔らかく波立たせているのが、そもそも立ち歩くためのトレーニングになっていたと思う。徐々に重くなっていく自身の体重そのものを負荷とし、体幹トレーニングを終日おこなっていたのならば理解も及ぶ。

しかし立ち歩くには単純な筋力の問題ではない。重心の察知とバランスの保持など、およそ運動に関わるもののすべてが準備されていないと実施は不可能である。安易な筋トレではなく、体幹の動きを主体とすることが運動の基礎であると乳児より教えられる。

充実した動作というのは、本格的に武術やスポーツをやらないと身に付かないと思われがちだが、決してそのようなことはない。鈍い頭より数段も賢い我々のからだは「すでに知っている」のである。その背景には誕生した時から、ずっと練ってきた機能的動作や感覚がある。何かの契機にそれらを表舞台に引き上げ、他の場面や動作に応用していくのである。

場面は人それぞれであり、何かの武術やスポーツであるかもしれないし、職人的な動作かもしれない。むしろ、どの場面からヒントが得られるかは、常にヒビカンの心得をもって事に臨んでいるかどうかが重要である。まずは、「ヒントがあるはずだ」という視点をもっていないと、何も見えてこない。

引用および参考文献

＜引用文献　（著者名五十音順）＞

・BAB ジャパン：月刊秘伝．2020 年 5 月号
・ジャコモ・リゾラッティら著 , 柴田裕之訳：ミラーニューロン．紀伊國屋書店 ,2009 年
・ジーン・レイヴら著 , 佐伯胖訳：状況に埋め込まれた学習―正統的周辺参加．産業図書 ,1993 年
・マイケル・ポランニー著 , 高橋勇夫訳：暗黙知の次元．ちくま学芸文庫 ,2003 年
・ノーマン ,D.A 著 , 佐伯胖監訳：人を賢くする道具．新曜社 ,1996 年
・アナトミートレイン 日本公式サイト : https://anatomytrains.jp/
・生田久美子：「わざ」から知る．東京大学出版会 ,2007 年
・石岡久夫：現代弓道と教歌 (第 3 版)．自刊 ,1986 年
・尹雄大：FLOW．冬弓社 ,2006 年
・宇城憲治監修：身体に気を流す宇城式呼吸法．どう出版 ,2019 年
・江上清：弓道師弟問答．自刊 ,1977 年
・遠藤靖彦：真の強さを求めて 功夫の道．BAB ジャパン ,2022 年
・小川三夫著，塩野米松（聞き書き）：棟梁．文藝春秋 ,2011 年
・季刊道．どう出版 ,No.165 夏号 ,2010 年
・黒田鉄山：気剣体一致の武術的身体を創る．BAB ジャパン ,1998 年
・甲野善紀監修：古武術で蘇えるカラダ．宝島社 ,2003 年
・甲野善紀監修：甲野善紀の身体革命．学研 ,2005 年
・西城卓也：正統的周辺参加論と認知的徒弟制．医学教育 , 第 43 巻 4 号 ,292-293,2012
・佐々木正人：アフォーダンス入門．講談社学術文庫 ,2008 年
・重久浩至：「認知的徒弟制」論の現代的意義．東京大学教育学部紀要 , 第 32 巻 ,23-31,1992
・世阿弥著 , 野上豊一郎校訂：能作書・覚習条条・至花道書. 岩波文庫 ,1997 年
・全日本弓道連盟編：弓道教本 第 1 巻射法篇（補正増補）,2022 年
・平直行：触れるだけでカラダの奥が動き出す！．BAB ジャパン ,2019

年
・高岡英夫：発見！武蔵の極意．さくら舎,2022 年
・竹内敏晴：からだが語ることば．評論社,1982 年
・武田巧太郎：四巻の書 弓道の原点．風詠社,2019 年
・寺田寅彦：読書と人生．角川ソフィア文庫,2020 年
・中西政次：弓と禅．春秋社,228,1976 年 /2008 年
・中村和夫：ヴィゴーツキー心理学 完全読本．新読書社,2004 年
・西平直：世阿弥の稽古哲学．東京大学出版会,2009 年
・日野晃：現代の見取り稽古がもたらす武術革命．秘伝．BAB ジャパン,1997 年 6 月号
・藤本靖：身体のホームポジション．BAB ジャパン,2010 年
・藤原定家：愚秘抄．国立国会図書館コレクション
・松岡正剛：千夜千冊エディション 理科の教室．角川ソフィア文庫,2018 年
・宮本武蔵著,渡辺一郎校註：五輪書．岩波文庫,1985 年

・守屋達一郎：弓道と身体．BAB ジャパン,2018 年
・守屋達一郎：弓取りの文字力．太陽書房,2024 年
・守屋達一郎：弓と脳．秘伝,2023 年 7 月号,BAB ジャパン
・守屋達一郎：射の「アメーバ化」と“真操法”の発掘!!．秘伝,2024 年 7 月号,BAB ジャパン
・守屋達一郎：大乗弓道と小乗弓道．第 14 回（55 号）、15 回（56 号）、25 ～ 29 回（67 ～ 71 号）, 弓道日本, 太陽書房

＜その他主要参考文献（著者名五十音順）＞

・モーリス・メルロ＝ポンティ著 中島盛男訳：知覚の現象学．法政大学出版局,1982 年
・BAB ジャパン：月刊秘伝．2006 年 7 月号, 2007 年 5 月号,2008 年 6 月号,2011 年 4 月号、2013 年 2 月号, 同年 12 月号, 2020 年 11 月号,2021 年 2 月号
・天野敏：太氣拳の扉．BAB ジャパン,2003 年

・市川浩：〈身〉の構造―身体論を超えて―．講談社学術文庫 ,1993 年
・井筒俊彦：意識と本質．岩波文庫 ,1991 年
・伊藤昇：スーパーボディを読む．マガジンハウス ,2011 年
・稲田和浩ら：5 人の落語家が語る ザ・前座修業．NHK 出版 ,2010 年
・金子一秀 , 山口 一郎：〈わざの狂い〉を超えて．明和出版 ,2020 年
・子安増生 , 大平英樹編：ミラーニューロンと〈心の理論〉．新曜社 ,2011 年
・佐伯胖：「学び」の構造．東洋館出版社．
・寒川恒夫：日本武道と東洋思想．平凡社 ,2014 年
・鈴木大拙：禅と日本文化．岩波新書 ,1964 年
・高橋景樹：弓道の生理学．BAB ジャパン ,2024 年
・竹内敏晴：ことばが劈かれるとき．ちくま文庫 ,1988 年
・野口三千三：原初生命体としての人間 野口体操の理論．岩波書店 ,1975 年 /2003 年
・藤森明：日本武道の理念と事理．東洋出版 ,2017 年
・船木亨：「見ること」の哲学―鏡像と奥行．世界思想社 ,2002 年

その他論文など多数あり、割愛させて頂きます。

おわりに
～からだはケガに光明を見る～

「必要は自然に途（みち）を開く」

最近、筆者の座右の銘になった。

必要性がなければ有用なヒントや情報もからだを通り過ぎてしまう。だから、今自分には何が欠けていて、何を求めるべきなのかを把握しておかねばならない。武術家やアスリートならば、常に目的と理想をイメージしているだろう。

筆者自身、仕事としてコロナ禍対応に忙殺されながら、恥ずかしながら首と肩にケガをかかえてしまい、まともに武術稽古をすることがままならなかった（名誉のため武術稽古で生じたケガでないことだけは述べておく）。

そこでただの見取り稽古ではなく、徹底的で圧倒的な日常動作観察と見取り学への展開に臨んだのである。そして、分かっているようで見取りきれていなかったことが多々あることに感動しつつも、まだまだ未熟と反省せざるをえなかった。

やはり、目的意識がなければせっかくのアンテナも機能しないのだ。何が欠けていて、何が必要なのだと認識し続けていると、自然とヒントに出会える確率が格段に上がることを再体験した。そのため自身にとっては、ケガがあったからこそ修練が進み、射境が深まったと自負している。まさにケガに光明を見た心地であった。

その中でも、特に有用な発見につながる時には、見取ったものの答えが一つではないと気付くことであった。常に未知なものも含めて、答えが複数あってしかるべきという態度が見取りを深めていった。すると時として、一つの答えから新たな疑問が生じるような見取り方となることもあった。これによって迷いが深くなることも少なくないが、この五里霧中に楽しめるようになれば一介の武術家を名乗ってよいだろう。

そして痛むところに対して、「痛まないように」と愛護的に修練するのは一喜一憂を繰り返すだけだと悟った。自身の見取り学を経て、むしろ「治るように」修練するという方策を打ち出せやしないかと自らの発想を転換させた。これはいわば修練することで痛みが軽減する稽古を積むということであった。一西洋医学者としては「ナンセンスである」と思いつつも、東洋武術者としては「さもありなん」と首肯するといった建設的な葛藤そのものが、不思議に活路を開いてくれた。

特に身体の構造体イメージを深めることで、その無茶が可能になることをからだが知ってくれた。そのイメージをもとに修練していると、アイディアも無限に生じてくれる。だからこそ術の教科書というのは、まさに自分のからだの中にあると断言せざるをえない。

さらに、ヒトは「見ようとしたものを見る」という。見ようとしなければ、たとえ目に映っても認識されない。だからこそ、目的意識を明瞭にして見取り稽古に臨むことがどれだけ重要か、ここまで本書に目を通して頂いた方なら、もはや説明する必要はあるまい。

一方で、ヒトは「見たいように見る」とも言われる。つまり偏った先入観を確認するような見方をする危険性もあるということだ。そのため我流に陥らず、多彩な見方を持つことが必須である。やはり改めて「見る」ことの難しさ、そして「学ぶ」ことの複雑さを感じずにはいられない。

以上のようにして紆余曲折ありながらも、少しずつ射境が深まっていくのを自覚した。それと同時に、ＢＡＢジャパンさんからのご提案も頂き、勢いそのままに本書が出来上がった。特に同社の原田伸幸氏からはいつも魅力的な刺激を頂き、自身の修練に不可欠となっている。前著に続いて多大なる尽力を頂いた。

また日頃、各自の稽古進捗状況を示してくれる啓進会の会員や、熱意溢れる母校東京慈恵会医科大学弓道部の面々にも感謝したい。さらに道具や環境面で導いてくださった多くの方々への謝意も禁じずにはいられない。

最後に、愚夫愚父の筆者を微に入り細に入り支えてくれる妻子に、最大の謝辞を示したい。

本書を締めるにあたって、繰り返す。
やはり、「必要は自然に途を開く」と。

令和6年12月　瓢中庵にて

啓進会　守屋達一郎

著者紹介

守屋達一郎（もりや たついちろう）

1981年生まれ、埼玉県出身。精神科医師（精神保健指定医、日本精神神経学会認定精神科専門医、日本スポーツ精神医学会認定メンタルヘルス運動指導士、日本医師会認定健康スポーツ医、認知症サポート医）。中学時代は剣道部に所属。15歳から弓道を始め、東京慈恵会医科大学弓道部を経て、卒業後は同部でのコーチ歴あり。大学時代に有志と武道研究グループ「啓進会」を発足し、現主宰。日々診療のかたわら、多彩な感覚を駆使し既存の方法にとらわれない手法にて、居着かない真の弓術を目指している。弓道専門誌『弓道日本』（太陽書房）にて現代弓術関連の記事を12年以上にわたって寄稿中。著書に『弓道と身体』(BABジャパン)、『弓取りの文字力』（太陽書房）など。

啓進会（けいしんかい）

東京慈恵会医科大学弓道部OBの有志を中心とした、医療従事者による武道研究グループ。新旧の武道・芸道などの検証を基礎に、潜在する「感覚」を練磨し、主体的に心身の機能性・柔軟性を向上させていくことがテーマ。独自の鍛錬方法を通して多角的に弓術を再考・実践し、活きた真の術を追求している。平成17年発足。

主宰：守屋達一郎　顧問：高橋景樹　参与：増田隆洋　事務局長：吉田貴普　会長：井村峻暢

装幀：梅村昇史
本文デザイン：中島啓子

誰も教えてくれなかった！ 見取り稽古のコツ ──あらゆる武道の上達出発点

2025年1月10日　初版第1刷発行

著　　者　守屋 達一郎
発 行 者　東口 敏郎
発 行 所　株式会社ＢＡＢジャパン
〒151-0073 東京都渋谷区笹塚 1-30-11 ４・５Ｆ
TEL　03-3469-0135　　FAX　03-3469-0162
URL　http://www.bab.co.jp/
E-mail　shop@bab.co.jp
郵便振替 00140-7-116767
印刷・製本　中央精版印刷株式会社

ISBN978-4-8142-0689-6　C2075

BAB ジャパン　オススメ書籍

夢は武道を仕事にする!

書籍　道場「経営」入門

こんな本が欲しかった! “自分の道場が持てる”本 !! 武道の道場を開き、運営していくには、普通の店舗とはまったく違ったコツや留意点があります。今まで誰も教えてくれなかった道場経営のノウハウを、もちろんお金の話まで、ぎっちりしっかりと詰め込んだ、本邦初、夢実現の一冊です !!

●小池一也 著　●四六判　● 264 頁　●本体 1,500 円 + 税

あらゆるパフォーマンスが劇的に上がる!

書籍　武術に学ぶ　体軸と姿勢

古来より武術では何よりも整った姿勢を重視し、体軸を使いこなすことで、達人的な能力を生み出してきた。スポーツ、ダンス等はもちろん、快適な日常生活を送るための極意を伝授する。武術界で大注目の達人・名人が多数登場 !! 一般的な運動理論を超越する武術的アプローチを公開 !!

●「月刊秘伝」編集部　●四六判　● 196 頁　●本体 1,500 円 + 税

疲れず、無理なく、素早い動きに変わる!

書籍　すごい! ナンバ術

日本人は、とてつもなく楽で体を痛めない運動法を手に入れていた! 一日に何十キロも移動していた江戸時代の合理歩法システム! 無理・無駄のない動きは、素早く、長く動き続けることを可能にする !! 捻じらない「平行四辺形システム」があらゆる動きを合理化する !!

●矢野龍彦 著　●四六判　● 224 頁　●本体 1,500 円 + 税

“戦う以前” にモノ言う強さ

書籍　眼力を鍛える! 秘伝 BOOKS

目には〝視力〟以外にも様々な強さが秘められている! それでいて、意外にその鍛え方は知られていない。さまざまな「見る力」が養われれば、武術・スポーツの上達は自然に導かれる。宮本武蔵も「観の目」と称してその重要性を説いた、いろいろな意味での「見る力」鍛錬法を解説!

●「月刊秘伝」編集部　●四六判　● 176 頁　●本体 1,500 円 + 税

戦わずに強くなれる武道の深い秘密

書籍　“型”の深意　秘伝 BOOKS

実戦形式でなく、定型の反復動作を繰り返す「型稽古」。決まった動作を繰り返す“型”だけでなぜ強くなれるのか? 古来より、あらゆる日本の武術・武道は、流派問わず、強くなるための方法として「型稽古」を選択してきました。それで本当に実戦で通用する強さが手に入る深い仕組みを、さまざまな分野から解き明かします。

●「月刊秘伝」編集部　●四六判　● 180 頁　●本体 1,500 円 + 税

BAB ジャパン　オススメ DVD

心身の超覚醒法　全身を燃やす16の型

DVD　火の呼吸入門

体力&集中力が劇的にUP! かつては著名格闘家が実践し、近年では人気アニメの影響で注目を集めた火の呼吸。このDVDでは火の呼吸のエクササイズを、合計4つのセットメニューで指導。初心者でも無理なく取り組むことができ、継続していけば、着実に体力と集中力をアップさせていけます。

●指導・監修：加来禎治　●55分　●本体5,000円+税

武道・スポーツのパフォーマンス向上に役立つ!

DVD　日本人の呼吸術 密息（みっそく）

鍛える前に呼吸を変えろ! 世界的尺八奏家が活躍を続ける理由は、日本古来の文化にある! 短い吸気時間で、一般的な腹式呼吸や胸式呼吸よりも大量の吸気量を、身体を動かさずに吸えるという利点を持った密息は、あなたの健康のみならず、武術やスポーツ、芸術にも活かす事が出来ます。

●指導：中村明一　●84分　●本体5,000円+税

"たった5秒"でカラダの歪み改善!

DVD　クイック体軸調整 イス軸法

イスに座って立つだけ! "ウソみたいな"本当に効く体軸調整! ①身体能力の向上②骨盤の歪みの修正③バランスの良い身体作り。最も良い立ち方がカラダを変える! 正しい立ち方は、武術やスポーツのパフォーマンス向上、腰痛や肩こりの予防に繋がります。ぜひ皆さん一緒にやってみてください。

●指導・監修：西山創　●56分　●本体5,000円+税

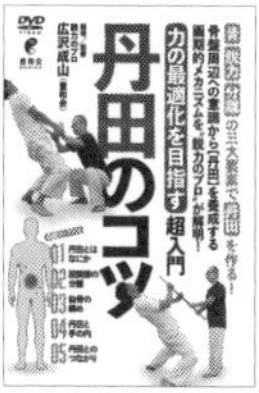

「力の最適化を目指す」超入門

DVD　丹田のコツ

「骨」「脱力」「分離」の三大要素で【丹田】を作る! 骨盤周辺への意識から【丹田】を養成する画期的メカニズムを"脱力のプロ"が解明!「丹田に力を入れる」とは、ただ丹田に力を込めれば良い訳ではありません。丹田とそれ以外の部分を分離させて動かしたり、支えたりするという意識を明確にさせることで、様々な動きを可能にします。

●指導・監修：広沢成山　●56分　●本体5,000円+税

超効率歩法を護身に活かす!

DVD　ナンバ体術入門

日本伝統の"サムライウォーク"ナンバ歩きで脱・西洋式身体論! ナンバで難場を切り抜けろ!「ナンバ歩き」の身体操作を応用することで、とんぼのように居着かず、素早い達人的な身体動作を可能にする。武道・武術だけではなく、日常生活を送る上での所作など、ナンバ体術を詳細に解説。

●指導・監修：ウィリアム・リード　●77分　●本体5,000円+税